台灣必須面對的真相

每一位總統候選人都該看

國土規劃—災害應變—內政體檢—國策建言

李鴻源——著

一把米，可以煮成一碗飯，也可以撒成一畝田。

目錄

自序 領導者的關鍵——腦袋、用心、專業……011
全民共享思維——創造民眾與政府的解套契機……013
聰明政府的必要條件是什麼？……018
危機化為轉機，轉機化為商機：開啟多層次對話參與……021

第一章 風調雨順的一年　卻是大家受害？……025
以國安層次來應變災害……026
以防災角度啟動保險機制……030

第二章 缺水又淹水　脆弱的城市該怎麼辦？……033
打造韌性十足的智慧城市——以都市設計思維取代工程設計……037
靈活運用低衝擊開發的十帖良方……039
海綿城市的關鍵——地方政府的職能提昇與民眾的包容態度……044

第三章 海水愈來愈高　我們要面對什麼樣的未來？……047
「為失敗而設計」——風險評估優先的彈性規劃……049
從灰色基礎建設到綠色基礎建設……052

保守政治心態，錯失跨國際合作機會……056
改變舊有思維，創造嶄新夥伴……058

第四章 節能減碳努力為何老是失敗？……061
以國際認證獎勵取代消極補貼……063
如何從IT轉向ET？……068
綠能產業的推進……070

第五章 搖擺的能源政策 企業追求永續的阻礙？……073
高額碳稅將導致產業喪失競爭力……075
綠色能源與能源自主的弔詭陷阱……077
從搖籃到搖籃……079

第六章 路上走的都是老人 台灣的下一步是什麼？……085
缺乏政策影響評估的年金改革……088
培育國家人才的高等教育深受其害……091
打造亞洲退休天堂……094
跨部會整合，開創台灣的未來……097

第七章 **小學、大學空蕩蕩　人才要從哪裡來？**……101

創造多贏的空間活化政策……103
打造吸引優秀人才的國際化高等教育課程……105
教育南進：輸出台灣引以為傲的技職教育……108
吸引良才的友善移民政策……110

第八章 **當鹽鹼地不斷擴大　糧食再也不安全？**……113

天災人禍，鹽鹼地棘手難題……115
以精緻滴灌取代粗放灌溉……117
跨部會整合的國土規劃……120
「一把米，可以煮成一碗飯，也可以撒成一畝田」……123

第九章 **沒有上位計畫　國土只能繼續破碎？**……125

遷都中台灣！讓南台灣跟著動起來……127
以災害潛勢來制定的多層次套疊計畫……130
唯有上位計畫，台灣才有未來……133
為國家定錨，就是上位計畫……135

第十章 政府組織缺章法 誰來算總帳？……137
治標也治本的治水方案……138
轉進精緻農業提升土地價值……140
大系統與小系統，雙向奧援……143
再生水將成企業搶著要的「保命水」！……146
第十一章 政府要如何變聰明……150
優良廠商得以存活的多重篩選異質採購標案……154
研考功能是聰明政府的首要條件……155
能串聯未來又接地氣的政府智庫……158
建構智庫的理想方式……161
第十二章 國家的啟示：荷蘭……165
與水共生的策略定位……167
從上到下，帶動國家整體的垂直轉變……169
找回農耕隊精神，輸出台灣經驗……172
沒有西進，如何南進？……175

第十三章

地方的啟示：中港大排……177

貍貓換太子……179

「你要去找當地的人談。」……180

找對溝通橋梁，改變大半個新莊……183

不止改造空間，也喚醒人心……187

第十四章

政務人才哪裡找？……189

新手邊學邊開聯結車……191

政治判斷凌駕專業判斷的悲劇……192

尊重常任文官的政治智慧……196

政務官與事務官互信互重……199

北中南各自建立政務官培養平台……202

第十五章

我們是小國或大國？……207

彌足珍貴的台灣經驗……208

系統性輸出……211

充滿彈性的政府與法令……213

自序／

領導者的關鍵──腦袋、用心、專業

二〇一六年的總統大選前，有感於國家情勢的嚴峻，我提筆將過去在政府服務的心得，寫了一本《台灣如何成為一流國家》，原本希望能成為新任總統治國的參考，不想卻成為暢銷書，更在國際間引起很大的關注。

亞洲週刊第二十九卷五期（二〇一五年二月一日出刊），花了八頁的篇幅報導此書，並引來許多國內外媒體報導，可惜內容並未進到執政者腦袋。換黨執政已三年有餘，國家情勢更是艱困，兩岸關係緊張，從人口到年金、防災、能源到所有的內政、外交問題，政府幾乎一籌莫展。

我們不禁要問，台灣怎麼了？我們真的淪落為二流國家了嗎？

今年又逢總統大選，所有候選人爭相成為「新生代」，可是對新生代腦袋該裝的東西卻沒有能力論述，只好再度提筆把多年來的從政及國際經驗，彙整成《台灣必須面對的真相》，希望給有意爭取大位的人參考，同時告訴國人如何選擇一位能帶領台灣走出困境的稱職總統。

近幾個月，大家應該都深刻感受到，台灣從中央到地方幾乎都在喊窮。

從高雄市負債三千億，市長韓國瑜到處在找錢、追錢，到台灣首富郭台銘要選總統，喊出〇到六歲的小朋友由國家養，立即有另位參選人說「不可能」，因為光是填補公托、私托的差額，每年至少多支出一千四百億元，再加上其他學習與托育費用，就要超過二千億元。

從數字看起來，三千億的負債不是高雄市政府所能負擔，而兩千億元對中央政府也是筆龐大的數字。但真的是如此嗎？在我看來這根本是本「糊塗帳」。

說穿了，政府是捧著金飯碗在討飯。因為只要問問財政部國有財產署，就知道國家有多少閒置的土地和空間；隨著國家推行募兵制，兵源減少的情況下，國防部掌握多少閒置的營舍；當每年出生的孩子愈來愈少，又有多少閒置的校舍，卻都無人聞問、未做處理。

全民共享思維——創造民眾與政府的解套契機

我還在內政部服務時，有一天接到監察院的糾舉函，內容和公共設施保留地有關。什麼是公設保留地？以高雄市為例，政府在一九七一年所做的都市計畫，推估隨著都市人口的快速成長，到二〇二〇年人口將成長到四百萬人，於是根據四百萬的人口規模，劃定學校預定地、公園預定地、市場預定地、機關用地等等。

事實是，今日的高雄市不但僅有二百八十萬人，而且人口還在負成長，不可能再出現明顯的正成長。過去劃定的公設保留地，已經沒有存在的必要，政府也沒有財力去徵收，可是因為土地已遭框定，地主無法出售或利用，有的甚至還要自掏腰包繳交地價稅，造成巨大的民怨，引來監察院糾舉。

我請內政部營建署進行分析，發現糾舉事項確有其事，於是和營建署、地政司研議後做成政策——公設保留地解編，也就是透過都市計畫，確認已經沒有必要存在的機關、學校、市場等預定地全部解編。

關鍵是公設保留地解編之後，政府應有的積極配套措施。因為解編後的土地，地目仍是學校、市場等預定地，地主無法自由運用，必須政府透過都市計畫變更，將預定地變更為住宅用地或是其他商業用途。但這樣的變更必須附帶「條件」，也就是地主拿回四成，剩下六成掌握在政府手上。

如此一來，地主得到土地該有的紅利，民怨解除。

當政府的手上握有六成土地，不論是住宅用地或商業用地，都是高價值的土地，最笨的方法是打造成公園，讓整個城市呈現新的風貌，但聰明的政府是將土地與都市計畫結合，成為防災型都更基地、或是成為城市翻轉的籌碼，當然也可以部分賣掉，以舒緩沉重的債務壓力。

以新北市而言，全市的公設保留地有六千七百公頃，如果全面解編，以政府可分得六成比例的土地來計算，政府手中即多出將近四千公頃土地，市值估算絕對是以「兆」計，這是新北市最好的財源。高雄市或任何縣市政府也可比照辦理。

經過推估和分析，公設保留地解編成為內政部的政策。還記得我當時帶隊去監察院說明，現場七位監委一字排開，主席委員吳豐山沉著一張臉，「先給我十五分鐘，我把我的想法全部報告完，你們罵人都還來得及。」我說，並接著說明在四年內將公設保留地全數解編的政策計畫。

當我的報告告一段落時，七位監委全部站起來拍手，並說這是他們見過最有擔當的政務官，同時作出附帶決議並發出聲明稿：「在公設保留地全面解編的四年期程內，李部長必須處理完畢後才能離開內政部。」

回到行政院後，我曾在院會中做報告，記憶中最關心這議題的是當時的中央銀行總裁彭淮南先生，他把我拉到一旁再詳細詢問，並說：「你的政策若落實，不但你的問題解決，我的問題也解決。」意為台灣的國債問題可以一併處理。

遺憾的是，在行政院會討論後，經建會僅同意解編三分之一。在我看來，公設保留地若要解編應該全面解編，因為解編作業是由地方政府執行，若給予地方首長更多主導權，縣市長大可以從地方樁腳先開始，或是依據雙方利害關係、遠近親疏進行。原本是好事一件，卻可能因為執行發生偏差而帶來負面效果。

在我離開內政部後，公設保留地三分之一先行解編的作業繼續進行，但影響如此深遠的計畫，似乎沒有引起太大關注。對我而言，更想知道的是解編後的紅利去了哪裡？解編出來的土地，有沒有變成全民共享的利潤？這些都沒有立委或媒體在追蹤或了解。

當初在規劃公設保留地解編政策時，我的用意在於解編後的土地紅利要全民共享。所謂的「全民共享」，小從在住家附近多了一座公園，大到解決縣市政府所積欠的債務。如果政府的手上握有這樣靈活的籌碼，你覺得「〇到六歲的小孩由國家養」不可能嗎？我覺得相當有可能。

這也是我當初在規劃防災型都更時，一定要找國防部合作的理由，因為我需要籌碼。我的籌碼就是這些閒置的國有地，利用公設保留地解編的方式將土地釋放出來後，透過嚴謹的都市計畫手段變更地目，土地即成為地方首長的籌碼，最終（出售）可以變成錢，或是作為防災型都更的基地，或成為公園，讓周邊社區有更多開放空間和綠地，改善居民的生活環境。

聰明政府的必要條件是什麼？

聰明政府是什麼？就是看到問題，設法用最少的代價，找到政策槓桿，並結合團隊、做政策行銷，不但解決問題，同時還能達成「多贏」。當我在內政部時，運用這樣的模式，去說服行政院，可惜最後只達成一半，行政院決定先解編三分之一的規模，且由縣市政府自己執行。

先行解編三分之一的公設保留地，問題隨即呈現出來，首先是部分先行獲取資訊的人，可能會利用資訊落差先出手去購買公設保留地，地主若沒有充分資訊，更可能以為自己的土地沒有價值，而以極少的價錢去賤賣。

如此一來，一個原本立意良善的政策，可能因為政府操作不當，反而成為炒地皮的幫凶。

另一個聰明政府必備的條件，是策略和彈性。我在公共工程委員會時，因為廬山嚴重走山，沒有遊客敢去消費，溫泉業者苦於生計，希望遷移，南投縣政府也願意協助，於是行政院吳敦義院長指派我去進行協調。我們先在台中埔里的中台禪寺附近找到一塊台糖土地，也就是福興農場，裡面還有溫泉，可望重現廬山的榮景。

在我的規劃中，溫泉業者遷移到福興農場後，不但業者和遊客的生命安全獲得保障，廬山溫泉全數拆除後再進行生態修復，可讓當地逐漸恢復自然景觀和生態。

這是一個看似完美的計畫，因為業者都非常樂意配合遷村，而且縣政府也很積極地推動，南投縣政府清查過後，開價遷村需要四十一億元。我認為太高，雙方討價還價的結果，最終敲定二十四億元完成。

緊接著，問題卻接踵而來。不是中央拿不出這二十四億元，而是廬山溫泉中有高達百分之九十都有不符合法規的行為，但翻開中華民國的法律，沒有一條允許政府補貼非法業者進行遷移，因為這個案例一破，未來拆違建，政府要先給錢，於是全案就此卡住。

我在行政院會中報告過至少兩次，強調：「這是政治問題，不是法律問題。」

在法律上是無法解決的，因為公務員無法找到法源，可以從承辦人一路往上簽呈公文，到部長手上批個「如擬」。但盧山若不遷村，業者會繼續在原地苦撐，生意只會愈來愈蕭條，等到有一天不幸發生嚴重走山，所有的生命財產損失都不是地方和中央政府所能承擔。

我提出的政策，就是「特赦」。「特赦」的用意是因為盧山溫泉業者若不遷移，有相當高的機率成為在莫拉克風災中遭掩埋、造成重大人命傷亡的「小林村」第二，為避免這樣的風險，政府將「門」打開，二十四億元發下去，讓這些未來可能的受害者先行遷居，之後再把門關起來，從此不准比照辦法，盧山溫泉即順利拆除搬遷。

這個案例充分說明，政治問題和法律問題的分界，政務官和事務官的差異，可惜的是，「特赦」這兩個字從未出現在政務官的腦袋中，一切都只能「依法行政」。

結果當然就是我的意見並未被行政院採納，廬山仍維持原樣，福興農場也還是晾著。遊客去廬山溫泉所需承受的高風險，再沒有人提起。我們似乎在時間的漩渦中，等著下一個「小林村」再發生，然後大家把老調再拿出來重彈一次。

將近十年過去了，我們做了什麼？什麼都沒有。

危機化為轉機，轉機化為商機：開啟多層次對話參與

從公設保留地解編到廬山溫泉，是台灣很多政策無法推行的典型案例。我再強調一次，聰明政府就是要能把危機變成轉機，把轉機變成商機，而且在執行的過程中需納入公民參與，在參與過程中更重要的是對話，尤其是政府部門與民間部門的對話。

以廬山溫泉這個案子而言，我們讓廬山溫泉業者願意搬遷，搬遷

經費還從四十一億元降到二十四億元，靠的就是「對話」。政府官員要先去了解對方的問題，讓他們感受到政府的誠意，同時也要盤點手上的籌碼，做好配套措施並提供他們所需，從農場土地到溫泉。

透過對話，讓雙方了解彼此的立場，最後才有可能達到雙贏。這也是我不斷闡述聰明政府的關鍵所在。

我建議有意參選總統的候選人，不分藍綠，要先把台灣的問題看清楚，把國際的局勢看清楚。看清楚問題後，心裡不但要有答案，還要有解決方案，這其中牽涉政策問題、戰略問題，還有戰術問題。

每一位有意參選者都應該思考，你有沒有本事和反對黨對話、有沒有本事跟你未來的閣員對話、有沒有本事跟縣市政府對話、有沒有本事去跟中國大陸對話，乃至於跟美國、日本和我們鄰近的國家對話。這是每一位角逐大位者，都必須具備的特質。

因為國際關係是動態的發展，不論跟美國、跟中國大陸、跟日本、跟越南等等，台灣都要先找到自己的定位，了解自己的強項和局限性，同時視對方的需求，調整自己的角色，有時候當球員、有時候是教練，更有些時候會是教練的教練。不但手段要靈活、角色扮演更要有彈性。

這也是我在這本書想要呈現的概念。作為從政者、乃至於國家領袖，說難也不難，端看有沒有智慧、有沒有腦袋、有沒有用心，同時更重要的是，有沒有好的領導統御能力，善用專業人才。

第一章

風調雨順的一年，卻是大家受害？

全球氣候變遷，不只是淹水和缺水的問題，而是整個國家和產業都會受到很大的影響。

天然災害造成的損失有多嚴重？

根據慕尼黑再保險集團的統計數據，全球在過去三十年間（從一九八〇到二〇一〇年），有一萬九千餘次巨大天然災害，最高比例發生在亞洲，占百分之三十二，其次為美洲，約百分之二十四，歐洲則以百分之二十一占第三位。

因為天然災害造成的傷亡約二百二十七萬人，傷亡者中有百分之五十一在亞洲，百分之二十七在非洲，相較之下，美洲僅百分之十二、歐洲則是百分之七。

以國安層次來應變災害

這些數據意味著亞洲是不耐災的區域，承受氣候變遷的風險更高。位在亞洲的台灣，所面對的壓力也愈來愈大，氣候變遷不應窄化成淹水、缺水或是颱風，而是應該要升高到一個國家的國安層次來思考。

因為災害所影響的範圍廣及各行各業，以農業而言，二〇一八年是風調雨順的一年，結果反而造成農產品價格崩盤；愈來愈多上市櫃公司關注氣候變遷帶來的風險，例如貨運輪船在載運過程中經過路線的氣候天險變化，操作期貨買賣時更要掌控未來的天氣狀況，甚至銀行進行貸款評估都需要衡量氣候變遷的可能風險。

我在擔任內政部長時（二〇一二至二〇一四），曾經拜訪台南科學園區，當時幾乎每一家廠商都相當恐慌，擔心缺水可能引發的效應，就是因為有新竹科學園區的前車之鑑，當地一旦供水量僅有平常的百分之五十，一天的損失將達新台幣三十億元，廠商只能聘僱水車載水，一噸即使六百元都只能「欣然」接受，就是為了要控制損害。

就一個國家的角度，唯有掌控來年的氣候，以決定戰備糧和能源的存量。最簡單的例子是民進黨政府提出能源轉型策略中，有意將天然氣發電提高到百分之五十，但台灣的天然氣全都要從國外進口，一旦受到天候影響，載運天然氣的輪船無法靠岸，對無法承受缺電的台灣將引發無窮的後患。

事實上，全世界各國都在面對氣候變遷、處理氣候變遷帶來的惡果。美國加州和澳洲每年出現的野火，都是長期的極端乾旱所造成。

今年（二〇一九）一月，我受邀到美國加州演講，同時到當地的索爾頓湖（Salton Sea）勘查。索爾頓湖占地廣達九百七十二平方公里，在一九六〇年代，湖周邊都是高級住宅區，因受到氣候變遷影響，科羅拉多河灌注的水量大幅減少，加上長年蒸發下，湖面萎縮到僅剩下三百平方公里，湖水的鹽度比以色列的死海還高。

現在的索爾頓湖不僅一片死寂，曾經興旺的漁業消失，野鳥也不再棲息，四周的別墅空空蕩蕩，猶如鬼城一般，令當地人非常擔心，因為湖救不起來，產業也跟著沒了。

翻開歷史，曾是肥美綠地卻成為荒地的索爾頓湖，絕不是特例。去西域取經的玄奘，經過高昌、龜茲、阿富汗等地，根據〈大唐西域記〉所描述，風景猶如塞外江南、水草豐美，如今卻全成為沙漠，有些地方甚至成為鹽鹼地。

在中國，估計鹽鹼地的面積有三十五個台灣這麼大，這些土地的鹽分非常高，根本無法再利用，我曾受邀去對岸進行鹽鹼地修復，希望恢復土地生機、重新孕育生命，但關鍵是水源，沒有水源灌溉，土地最後只是死寂。

回到台灣，卻是人為「製造」出鹽鹼地。因為長時間超抽地下水，將地下含水層的水抽光，不僅地層下陷，台灣西南部沿海土地幾乎全部荒廢，從雲林、嘉義、台南到屏東等地，海岸周邊什麼都種不出來。

嘉義東石已經在海平面底下二．六公尺，屏東的林邊、佳冬更陷入地下三．五公尺，過去放眼望去全是魚塭，如今抽出來的水都是鹹的，土地也全荒廢，放任長草。只要開車到西南沿海地區，十家店有八至九家的門關得緊緊的。

十年前，台灣地層下陷區已經有一千八百平方公里，也就是有十分之一的西部平原都是鹽鹼地，如今的數字應該更為驚人，無法養殖的土地被迫荒廢，年輕人在當地找不到工作，只能出外謀生，村子裡僅剩的都是老年人。

當台灣土地鹽化速度愈來愈快，加上氣候變遷、海平面上升，問題更為嚴峻、甚而雪上加霜，我們到底該怎麼辦？

以防災角度啟動保險機制

當各國都意識到災害風險已無法自行承擔時，保險成為不得不做的選擇。天然災害降臨重創各國時，美洲有百分之六十六由保險公司買單，相較之下，通常受創最為慘重的亞洲卻僅有百分之九，這百分之九是韓國和日本，尚不包括台灣，因為台灣的政府絲毫沒有保險的概念。

當年我還在公共工程委會員服務時，慕尼黑再保、蘇黎世再保都曾跟我談過保險的可能，我帶他們去拜訪財政部長卻不得其門而入，馬英九總統在二〇一三年的文告中，曾宣示啟動防災保險，最後仍不了了之。

面對氣候變遷，已經沒有一個國家可以用政府財政處理災害損失，偏偏我們的保險主管官署財政部和金管會，都是著眼金融角度，並沒有從防災角度去看保險，以至於一再錯過時機，而國家承受災害所帶來的損失更是日益擴大，若能善用保險機制，創新的政策或許才有存在的可能。

當氣候變遷已是無法迴避的事實，國家和政府的思維也要跟著調整。

新加坡或許是個可以借鏡的例子。當各種跡象都顯示北極的冰覆蓋融化速度愈來愈加速，北冰洋將出現許多新的海上航道。從亞洲到歐洲的航行時間將大幅縮短，新加坡政府評估，未來許多貨船不再需要經過麻六甲海峽，新加坡的地理位置重要性勢必逐漸衰退，他們決定與其坐以待斃，不如投資北冰洋航道，分享利潤。

像新加坡這樣的國家，政府是用企業經營的角度來看問題，總理的角色是CEO，才能很快地因應環境變遷做出決定，讓國家馬上面臨的危機成為轉機，轉機又成為商機。

氣候變遷既然是台灣必須面對的真相，能帶領我們走過遍地荊棘的，不是小說或電影中的英雄，而是一個聰明的政府。唯有聰明的政府，才能看清楚當下的險境，將危機化為轉機，乃至於將轉機化為商機。

第二章

淹水、缺水、又淹水——脆弱的城市該怎麼辦？

記得小時候，小學教科書有一課是「愚公移山」。愚公住在太行山，每天出門要到其他地方時都需要越過山頭。有一天，他突發奇想，想要移掉太行山，於是開始挖，一天又一天，挖到最後山真的不見了，他也可以順利到其他地方。

在《論語．子罕》中，孔子曾說：「譬如為山，未成一簣，止，吾止也；譬如平地，雖覆一簣，進，吾往也。」其中涵義就是告訴我們，只要努力，就會成功，山都可以移掉。

這是我小時候被灌輸的想法，還好現在這課文已經不這樣教了。我相信，那是傳統舊時代的人類思維，不只是中國人，全世界都一樣。在這樣的思維下，中國人修黃河修了幾千年，蓋起黃河大堤，既然已經蓋堤防，為免洪水來襲，只有一直加高，結果是河床比兩岸高，黃河也成為「懸河」。

嚴格說，今天稱「黃河流域」是不正確的，因為要有水系才能成為流域，現今黃河沿線集水區的水已經無法進入黃河，當歷史上的中國人將所有籌碼都壓在堤防高度上，日積月累，黃河成為懸河，早已不成水系。

人真的可以勝天嗎？答案似乎很清楚。

但在城市的設計上，仍常落入這樣的陷阱。淡水河的堤防在當初是以阻擋兩百年頻率的洪水高度而設計，而台北市的下水道排水量為每小時七十八．八釐米，似乎綽綽有餘，只是在氣候變遷的衝擊下，條件已經改變，兩百年頻率洪水高度隨時可能被超過，降雨量也一定會超過設計標準，屆時城市勢必癱瘓。

近年來，不論是台灣、中國大陸或是世界各地，都同樣承受淹水的風險，城市已經無法保證絕對安全，台北防洪前前後後花了兩千億元，仍無法保障市民不受淹水之苦，萬一降雨超過標準，更會造成整個城市被水淹沒、甚至完全失去動能。

現代的城市規模愈來愈大，人口也愈來愈多，深圳在一九五〇年代，還是個僅容納三千一百人的小漁村，如今預估到二〇二五年，人口將會超過一千二百萬人。

人大量往城市集中，都市的問題也愈來愈難解決。資源源源不絕運進城市，同時製造大量生活污水，年輕人也往都會區擠，鄉村只剩下老人和小孩，城市愈來愈擁擠，鄉下老人卻沒人照顧，城鄉差距成為鴻溝，造成嚴重的社會問題。

其次是都市化造成的熱島效應，讓城市猶如溫水煮青蛙，以台北而言，自一九六〇年以後，出現攝氏三十六度以上的極端高溫天氣逐漸增加，從每年四到五天，到如今已經升高到十天左右，五十年來增加一倍，中研院的研究已證實是受到熱島效應的影響。

在氣候變遷的催化下，降雨變化更是日漸加劇，基隆是最明顯的例子。近一百年來，基隆的年雨量增加一千三百毫米，降雨天數卻整整少了半個月，相對於台北市的年雨量則是增加二百六十五毫米，降雨天數則少了一個月。

降雨日數減少，雨量卻日漸集中，當台北的天氣愈來愈像台中，這絕對不是好消息。在我印象中，小時候常常會有毛毛雨，現在卻很罕見，反而多的是傾盆大雨或雷陣雨，看到彩虹的機率更是愈來愈少。

這些都是人定勝天概念下必然的結果。但既然已經知道人定不能勝天，那我們該怎麼辦？當城市的保護標準不再安全，如何設計讓都市在降雨已經超過保護標準時，仍能維持基本機能？

打造韌性十足的智慧城市——以設計思維取代工程設計

今日水利界的新概念，是用城市設計手段，即非工程手段解決未來城市的淹水問題，也就是要改變對水的既有思維，將城市想像為集水區，增強城市的韌性及強化耐災能力。

最近有個很炫的名詞「智慧城市」，我常跟設計智慧城市的人對話，他們說所有東西都可以靠電腦、手機去控制，我就會問：「但水一來就淹，有智慧嗎？」

我們要打造的應該是友善水環境的韌性智慧城市，智慧之外還要有韌性，對水是友善的，把整個城市都當成集水區。

因為傳統的都市設計，水泥化的建築和道路讓水文循環被破壞，本來該滲入地下的水不再滲入，樹木遭移除，原本水應從樹葉蒸發之後回到大氣，再成為雨滴降下，如今樹木減少，加上超過負荷的人口居住，製造龐大的污水量，又要用昂貴的集中式污水處理系統，水環境已經完全改變。

隨著開發速度愈來愈快，政府只會忙著做排水溝，排水溝愈做愈大，淹水問題卻愈來愈嚴重，每逢降雨，水迅速往排水溝集中，當水量超過容納量，自然會溢出，造成水滿為患，台中的柳川、綠川和高雄鳥松排水等都是如此。

要解決都市化帶來的問題，唯有採取低衝擊開發。二〇一二年，我在內政部工作期間，提出低衝擊開發的概念，帶著兩個博士生和

六、七個碩士生研究，做了一、二百個水工模型，才制定具體的設計規範。

所謂低衝擊開發的原理是讓水可以滲入地下，不會很快集中，更不會因為排水不良而造成城市內澇，同時要大量種樹，讓水氣可以回到大氣中，只要能改變微氣候，都市就不會過熱。但同樣重要的是，污水和雨水也要回收再利用。

總而言之，即是減緩都市化對水文狀態的衝擊，而這也就是海綿城市、或稱韌性城市的真正精神。

靈活運用低衝擊開發的十帖良方

低衝擊開發大概有十帖藥方，根據城市的設計要件做不同的運用，包括透水道路、透水停車場、透水操場、植生草溝、綠屋頂、滯洪池、雨水花園等等，每一種藥方的使用狀態、壽命以及所需付出的維護經費和效果都不一樣，基本上是根據在地條件不同而做全方位配置，並沒有一套一體適用的標準操作方程式。

然而，發展到今天卻常被簡化成蓋「滯洪池」。在二〇一〇年凡那比颱風過後，高雄市政府曾請我去診斷，我提了包括滯洪池等幾個提議，最後他們只做了滯洪池，預計興建二十五座，目前已完成十三座，計畫中的還有十座，新任市長韓國瑜主政下的高雄市政府正在檢討是否還要繼續進行。

就我所知，高雄市政府或許覺得委屈，蓋了這麼多滯洪池，為何在二〇一八年八月二十三日還會出現大淹水？事實上，興建滯洪池也有操作手冊，包括是不是蓋在對的位置，有沒有因為降雨型態訂出作業規範，都需要整體的配置才能發揮應有的功能，以及更全面的效用。

另一個迷思是常有人以為低衝擊開發是把水留在地表下，這只說對一半，並不完全正確，真正的目的是讓水滲透往下水道集中的時間拉長，也就是說，當降雨量超過負荷時，水會慢慢滲入地表下，進入排水溝、下水道或河川中，洪峰就不會快速集中，也減少留在地表的水量。

所謂「防洪」，是只要降低洪峰就不會淹水。

說穿了，就是用都市設計概念解決淹水問題。身為高雄市政府的治水總顧問，不久前我受邀到二〇一八年發生八二三水災的災區現場勘查，位置就在鳳山行政中心旁，我觀察到行政中心的地勢比一旁的民宅稍微高，並有部分做硬鋪面，也就是當大雨來時會「以鄰為壑」，於是建議水利局要以身作則，先改變行政中心地貌，地面不僅不能墊高，還要向下挖深讓地形再凹一點，在大雨來時可以發揮儲水功能，減緩對面民宅淹水潛勢。

同時建議高雄市政府全面清查公園綠地，適當改變地貌，因為在台灣多習慣做假山，以至於大部分公園地勢比旁邊的社區高，大雨來時，本來應該留在公園的水反而都順著地形流往社區。

若能改變地貌，讓公園地勢稍微往下凹，如此一來，平日仍可作為休閒空間，在雨量暴增時轉而扮演滯洪池的角色。

當年我提出低衝擊開發概念時，首先遭遇的就是建商的反彈。因為要做到低衝擊開發，很重要的概念是要讓水先進到小系統、中系統再到大系統。

舉例來說，建商在興建社區或集合住宅時，公共空間的部分應該種樹和草，讓水能逐漸滲透進入地面下，但現在既有社區在公共空間多鋪上磁磚，或是放置公共藝術作品。

當傳出內政部要推動低衝擊開發時，一堆建商有意見，直說會大幅增加建築成本。事實上，台灣大約從六〇、七〇年代之後，建築的黃金定律就是在地面鋪磁磚，卻常因地面基礎沒打好，三天兩頭需要維修，若能種樹、種草，恢復自然生態，不但到處綠油油，微氣候也會因而改變。

頂樓也須從此重新設計，遍布綠樹或植栽成為綠屋頂，不但住戶多一座空中花園，也會有隔熱的效果，減少冷氣消耗，在天候嚴寒的歐美國家則會有保暖效果。

城市設計細節更是隨之改變，例如人行道旁的樹木不再直接栽植，而是種在可以透水的樹箱內，從道路中間的分隔島到停車場等等，所有公共設施都要能透水。這些種種，只要法令改變、政府公告，從城市建設到建築設計都會隨之跟進，可惜的是，我還尚未完成低衝擊開發的設計規範和施行細則就離開內政部。

不可諱言，當年遭遇的還有政府部會協調的困難。要落實低衝擊開發，在中央橫跨至少三個部會，除內政部，還有經濟部、交通部。在地方政府要跟上腳步則涉及五個局處，包含水利局、都發局、工務局、交通局、環保局等業務，這其中更牽扯到政府運作方式，局處之間若無法形成團隊，就難以持續推進。

在專業上，即使是在大學都橫跨水利專業、都市設計專業和建築專業，問題是學水利的人不懂都市設計和建築，學都市和建築的人又永遠不懂水利，需要跨部門、跨領域、跨專業的對話，如果無法整合和協調，不論談海綿城市或是韌性城市，最後都是緣木求魚。

海綿城市的關鍵——地方政府的職能提昇與民眾的包容態度

因為深知要打造海綿城市，需要打通重重關卡，所以站在顧問的立場，我建議台北市、台中市、高雄市政府，透過自治條例頒布海綿城市（低衝擊開發）的設計規範，讓政府及廠商都有遊戲規則可以遵循，而要落實的第一要務是先成立市政推動小組，納入相關局處成為一個團隊。

畢竟地方政府才是政策的執行者，想要成為海綿城市，首要關鍵是提升高雄市政府的職能，其次是民眾的態度，也就是人民願意犧牲生活上的部分不方便，以成就城市的更大目標。唯有如此，海綿城市才有在台北或高雄落實的可能。

新加坡在韌性城市上做得相當徹底。因為考量地表若成為硬鋪面，水會在很短的時間流入隔壁基地或是排水溝，新加坡政府早在十多年前就修訂法規，要求開發商要將百分之三十五的水量留在基地，再慢慢流出去，同時管制建築物開發高層，不要無限制墊高，以免造成污水、雨水往低處流瀉。

政府只要訂定法規，有清楚的建築基地逕流抑制量和高層管制標準，建商在興建住宅或公共建築時，公共空間就會主動重新設計以符合要求。

再以德國為例，德國建商將社區排水系統導入滯洪的概念，不但落實綠屋頂，並利用地表的透水鋪面和蓄水池以儲存雨水，達到將雨水逕流留在基地，其次是將社區中的滯洪池做成生態池，不但綠化環境，也舒緩淹水的可能性。

總而言之，德國強調的是從一開始的設計，就結合社區開發和雨水管理，之後也證實，不但沒有提高建商的成本，還更省錢，比傳統做硬鋪面便宜許多，帶來的好處卻是無窮。

要成就海綿城市，只需改變思維。政府思考城市空間的可能性，同時人民願意犧牲，就有機會強化耐災的能力，這一切要發生，現在還不算太遲，因為危機並不總是危機，還有可能成為意想不到的轉機。

第三章

當海水愈來愈高——我們要面對什麼樣的未來？

我為演講場合所準備的資料中，有兩張照片令人頗為印象深刻。一張照片是一名荷蘭男子若無其事地站在落地窗前，隔著透明的大片玻璃向外張望，窗外搖晃的水面已經超過窗戶。另外一張則是餐廳的一景，坐在窗明几淨的餐廳內，可看到巨大的輪船從窗外的屋頂緩緩駛過。

屋外的水位比房子本身還要高，這恐怕已經是荷蘭的常態。

時間回到一九五三年，那一年的一場大洪水，造成荷蘭有一千八百多人死亡，超過二次大戰時的傷亡人數，讓荷蘭人痛定思痛，決定用工程手段填海築堤，將土地用堤防重重圍起來。

在六〇年代，人們根本沒有足夠的專業以及對水理的了解，當時為防暴潮，荷蘭人築起一系列的防潮工程，以人的安全為唯一考量，希冀能阻擋洪流。

如此龐大的工程，並非單一專業所能完成，荷蘭政府為此結合海洋、水利以及工程等單位，進行防潮工程的研究和施工，不但練就一身武功，同時造就「水利王國」的美名，將危機化為轉機，轉機更進一步化為商機，成立大學（IHE-Delft）專門訓練開發中國家的政府機構人員，當年台灣省政府很多官員都送到那裡受訓。

從二〇〇二年開始，我受邀擔任該校的客座教授，現任行政院祕書長李孟諺即是該校校友，中國水利部門每年派一百個官員到該校讀碩士。

「為失敗而設計」——風險評估優先的彈性規劃

進入二十一世紀後，荷蘭人有了完全不同的思維。因為氣候變遷帶來的極端氣候，荷蘭人開始體會到光用工程手段是無法保障安全，因為萊茵河流經瑞士、奧地利、德國到荷蘭出海，當上游的洪水量不斷增加，荷蘭承受的衝擊也愈來愈大。

隨著極端事件愈來愈頻繁，伴隨著強降雨、洪水量增加，同時海平面上升、地盤在下陷，工程手段已經無法解決問題，荷蘭人終於意識到人必不能勝天，唯有用非工程手段才能解決未來城市所面對的問題。

當海水愈來愈高，海平面上升，我們要面對什麼樣的未來？上述兩張照片，或許是最好的說明。接下來要問的是，如何把都市景觀和防洪系統結合在一起？

城市目前的基礎設施，在先天上有許多限制，面對高度動態的環境系統，洪災風險的不確定性會愈來愈高，不論是投資或工程的預期效果都不確定，都市也因此變得非常脆弱。

由於全世界都面臨相同的處境，於是開始出現一種都市設計的新概念：「為失敗而設計」，在設計之初首先要想到的是：「當城市超過保護標準時該怎麼辦」，也就是先評估風險後再做出規劃。

為失敗而設計，強調的是城市空間的調整和彈性。過去做防水工程，迷信大系統、集中式系統，將所有籌碼都押在堤防、水門、抽水站和下水道。現在要做的是分散式的中、小系統，不能因為一個系統無法運行就全數遭殃。而是要有分層架構，系統之間能自行調整運作，強調的是彈性以及災後的復原能力，在水災發生後，都市能在短時間內回復原有功能。

以基礎建設而言，傳統的工程手段屬於灰色基礎建設，在台北市如下水道、水門、堤防、不透水道路等，道路就是道路，排水溝就是排水溝，僅具有單一目標。

相對於綠色基礎建設則能提供多目標的環境、社會、經濟效應，例如平常是公園，在洪水時期則能發揮滯洪功能，綠屋頂可以儲水也可以減少冷氣、暖氣的消耗，道路不但可以供車輛通行，還可以透水兼顧防洪。

全球已經有不少奠基在綠色基礎建設的城市出現。在美國被譽為最具綠色基礎設施網絡的城市——費城，所有的馬路都是綠油油，瑞典的斯德哥爾摩號稱歐洲綠色首都，則是做到暴雨管理、水資源管理和環境營造，將排水系統整治和土地規劃結合，除了增加氣候變遷的調適能力外，並可改善居住環境、改變微氣候、增加生態品質及土地開發價值。而荷蘭更是做到整個社區都可以隨著水位高低進行調整。

從灰色基礎建設到綠色基礎建設

事實上，要從灰色基礎設施到綠色基礎建設，會面臨兩個最基本的挑戰，一是從既有的都市空間進行轉換，其次是結合公私部門，而不是公部門、私部門各行其是。在此也必須老實說，在台灣連最根本的資料都欠缺，資料散在水利、都計等相關部門，不但沒有進行有效整合，更遑論進入下一步。

為此，我在二〇一三年交代內政部資訊中心，把散在內政、經濟、交通、農業及國防等部會，和國土規劃相關的資料整合成一個資料庫TGOS，在二〇一四年完成，總算踏出了第一步，接著就是讓這個資料庫變成決策的依據，可惜隨著我的離職，工作就沒再開展。

所謂都市空間轉換，以台北市為例，有許多屋齡超過四、五十年的老公寓，耐震度不足，若不轉換，只有任令有天出現規模較大的地震摧毀，若是要轉換，則需做都市更新，但都更絕不只是拆掉舊房子、蓋新房子，而是要置入韌性城市的概念，要防的不只是地震，還有淹水，定出優先順序、抓好節奏進行。

另一方面，在中央政府尚未上路前，各縣市的地方政府可以依據地方自治條例，先行自行公告相關遊戲規則，要求未來的新建案、開發案都要比照辦理，加上舊社區進行都更，將地震、淹水的風險考慮在內。估計只要一代人，大約二十年就可以帶來改變，城市的面貌再也不同，同時更是最大的振興經濟方案，一舉數得。

以近年台灣做都更的經驗，或許有人會質疑都更很難推得動。但我要問的是，全世界大部分的先進民主國家都在做都更，為何我們不能做？作為政府有政府的責任，政府和人民之間要對話、要溝通，這也就是我為何在台北縣規劃中港大排時，要花一百個小時和當地居民溝通。

最終讓中港大排成為翻轉新莊的槓桿，周邊的住宅和土地的價值都增加。之所以以中港大排為例子，我要說的是，要做都更不但要有方法，還要懂得溝通、對話，甚至是採用參與式決策模式，在決策的過程中納入人民的意見，自然日後會減少推動的阻力。

荷蘭政府就是靠溝通，翻轉了整個國家的命運。在二十一世紀之初，荷蘭政府決定使用非工程手段，達到還地於河、還地於海，讓河水和海水有更大的空間，他們不再做任何工程，而是進行國土規劃。

以鹿特丹為例，當時評估要拆掉堤防，但沿著堤防內有大牧場，於是政府去找了農戶並跟他們溝通，若是選擇遷移到荷蘭東部，政府協助找地和搬遷事宜，若是選擇留在原地，政府則會幫忙建一座猶如小山丘般的高台，只是每年會有二至三次遭遇海水淹上來，農戶主人需把牛群趕到高台上，當然有人選擇走、有人不走。二〇一四年我再度造訪荷蘭，許多堤防拆了，並不在裡面。

因為荷蘭人知道未來海平面會上升，國土的西部土壤有鹽化的可能，但西部為農業事業帶，其中的鬱金香更是荷蘭經濟命脈所在，政府的責任就是有計畫地遷移，並找出替代水源，而過程中最需要的就是溝通。

二〇〇二年，我到荷蘭和他們的產官學界一起寫計畫面對氣候變遷。計畫寫完後，政府所做的第一件事情，是全國花兩年的時間和民眾溝通，談了四千小時，談什麼是風險、是誰的風險、要花多少錢、由誰來做，並成立第二次三角洲委員會，通過三角洲方案執行荷蘭為因應氣候變遷所做的龐大計畫。

所謂的三角洲委員會只有二十人，完全靠整合和協調來進行，這也是荷蘭的精神所在。

保守政治心態，錯失跨國際合作機會

但荷蘭人想的不僅是要解除危機，還要創造商機。在三角洲委員會之後，荷蘭人也成立了三角洲聯盟（delta alliance），有意將因應氣候變遷的經驗往亞洲地區輸出，因而找上我，希望台灣作為三角洲聯盟的發起國之一。

在他們的眼中，台灣可以作為荷蘭經驗進入中國和東南亞國家的跳板，因為台灣有能力也有足夠經費解決自己的問題，是最適合三角洲聯盟的合作夥伴。

我們合作的過程中，在台灣選了三個熱點，也是當時面臨的三個危機，其一是台北防洪，國家投入近二千億元，當暴雨來時還是會淹水，為此荷蘭人想和台灣一起改造大台北，其二是嘉義地盤下陷區，其三是南部日益惡化的缺水問題。

選擇這三個危機去面對，一旦獲得舒緩甚或解決，不但荷蘭人可以從中吸取經驗，還可以輸出給其他有類似問題的國家，對台灣更是雙重獲利。當時荷蘭人估算工作經費約需要二億元，主要用在台灣本身以及零星的車馬費用，但我評估以台灣公務體系之保守，二億元恐怕不容易，於是主動刪成九千萬元。

但這樁對台灣可望帶來深遠影響的合作案，因為政治的保守心態，最終仍告吹。我還記得當時是二〇〇七年，尚是民進黨執政時期，我帶著荷蘭專家拜會當時的政務委員林萬億，雖然相談甚歡，最後卻沒有下文。

沒過多久政黨輪替，我再帶著荷蘭專家到總統府去拜會前總統馬英九，雙方互換名片，總統也滿口答應，但仍是未能成局。兩次的挫敗，讓我深深感受到我們錯失的不僅是解決問題的機會，還有參與國際平台的機會。

直到現在三角洲聯盟每逢開會，都會禮貌性地邀請我前往參加，我多只能婉拒，因為我實在無法說明台灣為何會錯失這麼好的機會。

事實上，這也是荷蘭政府聰明的地方。荷蘭在面對氣候變遷時，能從失敗的過去，重新再站起來，做全國國土規劃並成立三角洲聯盟做經驗輸出，不但解決自己的國土問題，也幫全世界解決問題，例如美國紐奧良遭受卡翠納颶風吹襲，當時就是找荷蘭協助重建。我也曾受邀參加荷蘭團隊，可惜二〇〇五年底因我應聘擔任台北縣副縣長，而未能成行。

改變舊有思維，創造嶄新夥伴

面對極端氣候步步進逼，我們還有很多研究要做，還須尋求氣候變遷調適的最佳方案。因為台灣所面對的挑戰比其他國家更艱難，雨量比人強、颱風比人強，還有地震等災害，甚至小小台灣從北到南，從台北、台中到高雄再到花蓮，各個城市的氣候條件各異，所需的解決方法也不同，絕對無法用同一個模式和尺度去套用。

我們等於是在和時間賽跑，但目前的狀況卻是資源錯置，反而製造更多的浪費。唯有改變舊有思維，創造新的夥伴關係，不論是中央政府、地方政府，或是地方政府和民間的夥伴關係，甚至是進一步和日本、荷蘭攜手進入開發中國家。

從荷蘭的例子，我們看到荷蘭政府把危機當轉機，轉機又當成商機，解決國內問題後，找到產業的槓桿，利用槓桿發揮最大效用，將經驗輸出協助其他國家。

這就是我所說的聰明政府。面對氣候變遷，我們需要新的思維、新的夥伴，同時要為失敗而設計，在「一旦超過保護標準該怎麼辦」的前提下規劃。

然而，最重要的是政府的運作方式要改變，因為當今政府的運作模式已經證明不可行，我們需要的是聰明運作的聰明政府，才能面對無窮無盡的難題。

第四章

節能減碳為何老是失敗？

還記得大約是二〇一一年左右，我去拜訪國際知名的勤業眾信聯合會計師事務所。

因為會計師每年會為大企業做兩筆帳，一筆帳是大家熟悉的會計帳，第二筆帳是幫企業整理去年一整年的碳排放量，也就是做碳揭露（Carbon Disclosure）。

我請教他們是否有做碳揭露的服務，對方告訴我，台灣辦公室沒有，但在北京的辦公室有提供這項服務，因為大陸政府早在二〇〇五年通過清潔生產辦法，不但在網路上詳列哪些企業要追蹤，同時訂出碳排放目標。

對此，我只能說人家比我們有膽量。

反觀台灣為因應氣候變遷，談節能減碳多年，卻只是原地踏步。二〇一五年，台灣的二氧化碳排放量為二．五億噸，以台灣這麼小的國家，竟占全球碳排放量的百分之〇．七七，若是以人均計算，每人每年平均排放一〇．六五噸，在世界排名高居第十九名。

相較於二〇〇八年時的人均碳排放量一一．四一噸，顯然我們歷經十年的努力，但沒有達到明顯改變，也就是說，政府的十年減碳作為，幾乎看不到具體效果。

以國際認證獎勵取代消極補貼

追根究底，就是因為長期以來的能源政策思維不脫補貼、低稅和低價。以二〇〇八年而言，政府每支出十元，就需補貼油、電一．一元，形同每年總預算中有高達一成是用來補貼，仔細精算之後會發現，台灣的油價和電價在亞洲國家中幾乎是最便宜，甚至比中國大陸還便宜。

講求低價、動輒補貼，讓企業失去轉型的動力，沒有人願意花錢使用替代能源，讓企業愈來愈沒有競爭力，碳排放量自然是居高不下，這根本是飲鴆止渴。

每當談到節能減碳，政府法令一直在「打折」。從再生能源條例、能源管理法修正、能源稅法、溫室氣體減量法，在立法院要通過前都經過長久的拉鋸戰，等到通過之後才是問題的開始，總體目標是什麼？訂定的根據是什麼？其次是每個部會是否都訂出具體目標？

雖然有國家總體目標，但沒有落實到每個部會，乃至於每個污染者，這樣的法令只是徒具形式，猶如沒有牙齒的老虎，缺乏具體約束力。所謂的「節能減碳」自然無法成為產業和經濟轉型的動力。

事實上，受限於國際現實，台灣的處境愈來愈嚴峻。我們幾乎被排除在所有國際公約之外，但是所有的國際規範卻都同樣要遵守。以電子業為例，所生產的產品要進入歐盟國家，一定要符合三項認證規範：WEEE（廢棄電子電機設備指令）、RoHS（危害性物質限制指令）、EuP指令（能源使用產品生態化設計指令）。

我在台北縣（現稱新北市）任職時，曾將縣內的電子業者都請來，當時在會場面對黑壓壓的上百人，我問他們知不知道歐盟的新規範，大部分人都說知道，我接著問，有多少家曾接受政府輔導？現場一片靜默，零零落落地出現三隻手，也就是說現場百家的業者，政府曾做過相關輔導的僅有三家。

這是攸關電子產品能否出口進入歐盟國家的重大議題，顯然政府沒有當作一回事。當時如果政府有更積極的作為，提出具體政策並投資做科研，再去輔導廠商業者，就有可能出現新的節能及綠能產業。

若是政府沒有抓住難得的機遇，業者在求助無門之際，只有尋求國外廠商的技術指導，在這過程中，所有的經驗都沒有留在國內，對台灣的科技研發也沒有任何幫助，不論是大學或是研究機構都沒有因此受惠。

我當時不斷思考，如果一百家電子業者，只有三家曾受過輔導，其他九十七家怎麼辦？大企業或許還能順利轉型，中小企業只能在茫茫大海中泅泳，他們不是不想成為好企業，而是根本無所適從，最有可能的結果是乾脆離開台灣。

為了輔導業者符合歐盟規範，最後我們在台北縣成立清潔生產基金會。

不僅輔導業者所生產的產品符合歐盟規範，當年縣政府還同時評估綠色交通的可能性，推動電動公車、電動計程車、電動摩托車。單以摩托車來說，幅員廣大的台北縣有兩百萬輛機車，成為電動摩托車的潛在市場。

然而，當我們緊鑼密鼓推動各項措施時，卻有來自經濟部的聲音暗示這是中央權責。我只有告訴他們：「中央不做，我們來做，而且要做就做第一。」

因為面對氣候變遷，唯有創新才能因應新變局。作為公共規範制定者，有遠見的政府要善於利用政策作為槓桿。

舉例來說，中華民國最大的採購者既然是政府單位，就可擬訂策略要求所有採購都必須符合節能減碳規範，只要有清楚的遊戲規則並訂出期程，立法之後有施行細則，給予廠商合理期限進行調整，並訂出輔導辦法，所有產業自然會跟著動起來。

在我看來，能源議題最有機會成為改造台北縣的槓桿，讓台北縣成為發動基地，輻射到全國乃至於到對岸。因為所有政策的執行都在地方政府，唯有縣府才有貫穿力，只要政府有政策、有誘因，就可以帶動新產業、新市場。

一旦台北縣蓄積一定的能量，緊接著從台北縣出發到大陸去協助台商，乃至於馬來西亞、印尼等各地華商、甚至擴散到全球。

因為當時中國大陸對污染的管控愈來愈嚴格、工資也愈來愈高，愈來愈多台商將被迫離開中國，我們有義務從台灣發展技術，去協助台商升級，不然台商永遠像「遊牧民族」，到一個地方把新的牧草吃完就走。

如何從IT轉向ET？

進一步而言，台灣若能從IT（Information Technology）轉向ET（Energy Technology）發展，以政府來創新角色、創造社會合理性，所有問題都可以找到一線曙光，講綠能、談減碳，甚至可以成為兩岸共同協作的新題目，從台灣和中國大陸找到切入點，先拉出一條線，最後自然能串連成面。

如何從IT轉向ET發展？在此舉一個例子說明。

我在台北縣政府服務時，在二〇〇九年訂出預計五年內減少九百萬噸二氧化碳的排放目標，但當時台電的林口火力發電廠又提出擴建計畫，將增加九百二十七萬噸的碳排放。台北縣每年所排出的二氧化碳，高達百分之五十一都來自林口火力發電廠，對急於要減少碳排放的台北縣確實是一道難題。

我們用碳交易的概念，根據二〇〇八年歐盟碳交易行情，一噸二氧化碳以三十歐元的交易價格，算出林口火力發電廠一年的碳排放總量，應該繳交一百三十一億元的碳稅。

因此我們提出，台電以五年為期，拿出六百億元，和台北縣政府共同成立「電碳基金」。利用這個基金，縣府的策略是和工研院、各主要大學等學術機構合作，逐年做到一座能源創新產業園區、二年完成台北縣能源效率總體檢、建立三方協作的公共機制，以四個全面動員方案達到五年減碳九百萬噸的總目標。

依照這個模式按部就班進行，不但台北縣的碳排放可望大幅減量，還能培植出價值新台幣一兆元產值的新興綠能產業，屆時政府每年可收到的稅收何止一百二十億元？

更重要的是只要台北縣做出成功的模式，即可複製到所有縣市。當年如果能逐步推展開來，十年後的台灣，今時今日將是全新的局面，還可以將技術帶到中國大陸，甚至是對全世界輸出。

只是當年我們規劃完成之後，中央政府卻說六百億元太貴，而拒絕了我們的規劃。不久之後，即傳出經建會（現今國發會）研議發放八百億元的消費券，最後錢發出去了，但促進消費的效果卻十分有限。

那時若能把八百億元留下來成立電碳基金，具體落實節能減碳，台灣就不會是今日的台灣，對綠能產業、高碳足跡和降低PM2.5（細懸浮微粒）都束手無策，而且產業和大學研發能力也落在先進國家之後，排名一直下滑。然而在政府層級上，我們只是地方政府，對中央政策無權置喙，而這也是到目前為止，最令我遺憾未能實現的計畫案。

綠能產業的推進

回過頭來說，要發展綠能產業，政府的職責是創造平台。要如何創造平台？就是針對新的產業議題，提出政策、設定法令、提供環境，包括能源服務、再生能源、水資源和水治理、資源回收等都是未來世界最迫切需要的新能源產業。

只要設立平台，鼓勵銀行進行綠色融資，讓企業得到必要的資金，接下來是基本研究與資料庫調查、技術與專利研發、人才培育與教育宣導、潛力產業投資等等，形成一套完整的機制和體系，未來大可以將治理經驗去跟其他城市與國家分享，不但是影響力的擴張，更可以帶產業到國際上去促銷。

猶記得在二〇一〇年，我到河南鄭州參加治水論壇，碰到今天的荷蘭國王，當年他以荷蘭王子的身分，率領企業到中國尋求合作。荷蘭政府成為全荷蘭最好的促銷者，舉全國之力去促銷荷蘭，帶荷蘭到全世界去尋找新機會，這才是今日的台灣最需要的視野和遠見。

無奈的是，今天的政府太弱。一個失能的政府，會阻礙民間的各種可能性，當所有可能性都消失，企業的發展受到政府拖累，最後只有離開台灣。

尤其說到底，台灣仍是中央集權國家，地方政府沒有太大空間，缺乏自主性，要推動創新幾乎是難上加難，光是要引進電動汽車，就會受限交通部轄下的監理條例而動彈不得，對商人來說，時間就是金錢，當時機消失，商機也沒有了。

這些都一環扣一環，環環相扣，每一個環節都是創新模式能否成功的關鍵。

台灣太小，機會有限，時間更有限。在推動節能減碳上，油、電、水價合理化是帶動產業轉型的動力，唯有如此，才能加快產業轉型的腳步，替代能源產業、節能減碳產業都會應運而生，不僅製造商機，企業效率也會提高。

油、電、水價補貼政策已經無效，不斷花錢的結果是，錢花了，產業貪圖便利不願轉型，本來要促成新產業出現的機會也沒有了。

作為公共信任資本擁有者的政府，應該扮演規範制定者的角色，帶領大家往前走，讓國家、社會、產業和人民都能一起往前走。

第五章

搖擺的能源政策——企業追求永續的阻礙？

從全球暖化到氣候變遷，世界已經出現翻天覆地的變化。

過去企業生產，物美價廉是必要條件，但二十一世紀後，在物美價廉之外，還要標註碳足跡，例如生產一部電腦，要同時交代在生產過程中製造出多少二氧化碳，碳足跡愈少才是愈有競爭力的產品（近年各國已經從碳足跡進一步強調「水足跡」，不過台灣連碳足跡都還沒講清楚，水足跡只能被列入下一步）。

這需要政府嚴格管制碳足跡，以及消費者對環境的重視，才能逼使站在第一線的企業不得不做出改變。

節能減碳在台灣，政府顯然是空有口號的成分居多。行政院環保署是碳排放的管轄官署，但環保署是相對弱勢單位，在決策機器的發言權相對較弱。以碳足跡而言，我們在平日所接觸的產品中，卻很少看到碳足跡標章，這也意味著法令有了、主管單位也有，就是沒有落實。

過去幾年，環保署不斷提出減碳目標，最新的說法是二〇二五年管制目標設定為較基準年（二〇〇五年）減少百分之十，但目標雖然有了，光一個火力發電廠的碳排放量就達一千三百二十萬噸，靠政府部門節能省電、官員不穿西裝，又能減少多少二氧化碳排放？

高額碳稅將導致產業喪失競爭力

要降低碳排放量，從產品生產到能源使用，種種都綁在一起。因為台灣要面對的另一個現實，是自主能源僅占百分之〇・八，高達百分之九十九・二的能源都要從國外進口。

在二〇〇八年，台灣光是購買能源就花費超過一・八兆，也就是我們每年花相當於中央政府一年總預算的額度購買原油和天然氣，所產生的溫室氣體又以每年百分之六的速度在成長。

這樣的狀況若沒有獲得改善，持續到二〇三〇年，台灣所製造的產品即可能因為碳排放過高，而被強制徵收百分之二十五的高額碳稅，估算一年的額度將高達八千億元，當產業要繳交的碳稅高達八千億元，請問我們的產業還會有競爭力嗎？

說穿了，這根本是一場不公平的競爭。當其他國家已經積極要求所製造產品要符合規範時，台灣卻沒有拿出具體政策相對要求，而碳稅就是當生產不能符合某些規範，強加在產品上的懲罰性關稅，企業的成本勢必暴增，無法和其他國家的相同產品競爭。

然而，不論是碳足跡或是水足跡，其實都具有更積極的意義，也就是敦促各國政府以節能減碳為目標，帶動產業轉型，當產業轉型，國力才會跟著轉型。

台灣眼前所遭遇的問題是，二〇〇八年所制定的「永續能源政策綱領」已經完全破功，國家與社會都未跟上節能減碳的主流。在政策綱領中明定「永續能源發展應兼顧能源安全、經濟發展、環境保護，以滿足未來世代發展的需要」，但部會之間並未落實規範，而是丟給環保署，不論是藍色執政或是綠色執政，都沒有當作優先事項辦理。

綠色能源與能源自主的弔詭陷阱

二〇一六年，民進黨政府執政後，堅持「非核家園」的理念，過去台電花多少力氣去說服大眾核能的安全性，政黨輪替後就破功了，核能又成為洪水猛獸，核四也遭封存。

一旦不用核能，能源可能出現缺口，東湊西補的結果就是火力發電廠增載，因為台灣向國外購買燃煤，通常一次就簽訂長達三十年的契約，增加燒煤量看似是最簡單的方式。

只是隨著國人愈來愈重視空氣品質，火力發電容易造成空氣污染，並是PM2.5的重要來源，政府的立即反應是馬上轉換提高天然氣的使用，有意從現今約百分之三十二，逐步擴增到占所使用能源的百分之五十左右。

問題是全世界沒有任何一個國家，會讓天然氣發電的占比這麼高，例如目前占比最高的荷蘭不過百分之四十二、日本和義大利為百分之三十九。因為天然氣大多掌握在中東國家，海運運送路程長達上千公里，加上台灣目前的環境，要大量增建儲氣槽有相當難度，而中油夏季安全存量天數也僅六天左右，一旦遭逢颱風或是任何的天災人禍，台灣馬上面臨「斷氣」的可能。

坦白說，不僅是台灣，任何國家都面臨相同的限制，沒有國家敢將天然氣當作常備能源。

如此一來，綠色能源是最好的選擇嗎？政府說要綠能、不要核能，但所有技術都來自歐洲，政府還要花大錢購買風機，也就是說我們不但失去商機，還要付出更高額成本以追求能源自主。

能源政策必須和節能減碳相輔相成，但顯然不論是藍執政或綠執政，都沒有中心思想。在我的演講常用的資料中有一個數字，全球綠能產業的產值到二〇二〇年將達到新台幣四十兆元，這個數字還是來自二〇〇八年時的推估。

十二年過去了，這塊綠色商機的大餅，台灣能吃到多少？恐怕是微乎其微，在藍綠鬥爭中，我們整整錯過了十年的黃金時期，在這期間政府沒有中心思想，沒有拉到國家層級看問題，甚至在政府決策機器中也未列入優先順序，光靠丟給台電或是環保署，無法為台灣做出完整的節能減碳計畫。

從搖籃到搖籃

我們轉頭看看和台灣同樣是小國的荷蘭，在節能減碳上卻採取不同的策略。荷蘭不只是在意碳足跡、水足跡，而是成為全球第一個以「從搖籃到搖籃」設計思維制定政策的國家。

從搖籃到搖籃（Cradle to Cradle，C2C）是德國化學家麥克・布朗嘉（Michael Braungart）與美國建築師威廉・麥唐諾（William McDonough）在二十世紀末開始推廣。概念是在產品設計階段就要預先構想產品最後的下場，將材料納入生態循環及工業循環等兩個封閉迴圈。

所謂生態循環的產品，由生物可分解的原料製成，最後回到生態循環；工業循環材料是將可再利用的材質同等級或升級回收，再製成新的產品。

換句話說，「搖籃到搖籃」的哲學在於徹底消除「廢棄物」的概念。例如書本的油墨是綠豆做的，當書本回收後將油墨洗掉，紙張可以再做利用，抑或是家中所用地毯以有機材質製成，當不想用時可以埋在花園中成為土壤養分。

當所有產品都運用C2C的概念生產時，商業行為也會跟著改變，以電腦來說，平均只有四至五年的壽命，但若設計成百分之九十可供重新利用，銷售員可鼓勵消費者送回後，再以較低價錢提供第二台。

不論是書、地毯或是電腦，在任務結束之後都能產生新生命和新價值，從大自然循環概念讓地球和人類都找到生機。

荷蘭政府令人欽佩的是成為全球第一個推動「搖籃到搖籃」的國家。二〇一〇年，荷蘭明定中央政府採購要有一半符合「搖籃到搖籃」的理念，二〇一二年達到百分百，以荷蘭政府一年有高達四百億歐元的採購能力，隨即成為產業轉型的動力。

當政府要求所有政府採購都要符合「搖籃到搖籃」的規範，荷蘭的工商業全都卯足全力配合，在這過程中，政府一毛錢都沒花，而是制定可行的政策，同時補助並獎勵各種創新研發，創造出「搖籃到搖籃」平台，也就是說政府的角色從規範制定者成為服務提供者，提供專業資訊、人脈和貸款機制，乃至於智慧材料庫等，平台搭建完之後所有的服務都在上面。

這是政府和社會的共同學習過程，也讓「搖籃到搖籃」成為文化。在台灣，大企業董事長大概會以辦公室內的辦公桌材質是全原木自豪，反觀在荷蘭，大老闆卻會對辦公桌是回收再利用引以為傲。不同的態度，代表的是文化養成的不同。

荷蘭要在這麼短的時間落實「搖籃到搖籃」理念，很簡單嗎？其實不然，非常困難，或許是小國的彈性，或許是荷蘭人的生意頭腦，也或許是荷蘭企業藉以生存發展的方式，最後才能成功。

但這就是聰明政府。若要學習荷蘭政府，所有中央採購都符合「搖籃到搖籃」規範，台灣根本做不到，因為光中央採購就牽涉好幾個部門，採購法的主管官署過去是公共工程委員會，隨著組織改造，已經部分轉移到財政部，而「搖籃到搖籃」的規範又要誰制定？恐怕連在中央都講不清楚。

從這件事情我們就能知道荷蘭政府的彈性有多大，轉身有多快，但彈性不存在我們政府運作邏輯中，如此一來，再好的觀念都沒有用。所謂的「彈性」，包括政府運作方式的彈性、法令法規的彈性。

回到台灣，首先遭遇到的是採購法規定政府單位不能採購具有專利的東西，以免有壟斷和圖利的嫌疑，我們的立法精神完全著重在「防弊」，防到最後把想像力都殺掉，政府成為遏阻想像力的殺手。

其次是在討論階段就會碰到傳統產業抗爭，立法委員也會阻擋，兩相對照之下，荷蘭了不起之處就在於短時間內不但中央政府做成決策，立法機關也通過，而這也彰顯出荷蘭人背後的文化，只要他們認為是對的，並符合普世價值，就全力配合推動。

這就是小國的生存之道。我一再強調，小國要生存，要靠頭腦和創意，小國政府的運作，要能將創意落實到政策，落實到生產，落實成為產業，同時大學及技職教育都要跟著轉型。

但過程要經過綿密設計，因為在商業世界中，除了創意，還要搶時效，政府流程若走三年，競爭力就不用談了。

面對氣候變遷，要節能減碳，政府永遠是關鍵。

第六章

路上走的都是老人——台灣的下一步是什麼？

我在內政部時，內政部是人口主管官署，每兩個月要召開一次人口會議。

有一天同事給了我一張人口統計表。他們跟我說，到民國一百二十五年時，六十五歲以上的老人數將達到六百四十七萬人。也就是說，台灣從一百年到一百二十五年，在短短二十五年間，六十五歲以上人口數量增加了三百九十四萬人。

另一方面，中小學的學生人數則從二百四十五萬人，降到一百七十萬人，整整少了七十五萬人。換算下來，約一．七個年輕人要養一個老人，屆時年輕人該怎麼辦？

這就是老人化、少子化的結果。我跟同事說，這件事在內政部談，永遠談不出結果，應該到行政院去談，因為內政部執掌範圍有限，頂多只能請營建署和建築研究所研究老人城市、老人住宅，但遠遠無法應付老化的未來。

舉個簡單的例子，到民國一百二十五年時，路上開車的駕駛中有三分之一都是老人，你覺得安全嗎？若是不安全，我們所居住的城市對老人的行動友善嗎？

在台北市、新北市，勉強算有便利的大眾捷運系統，老人在雙北行動或許還不會有太大問題，但離開台北、新北之後呢？單是要改善交通，對我們的國家就是極大的挑戰。

其次是照護系統的擴充，也無法跟上老年人成長的速度。國內對失能老人的照顧，至今仍仰賴大量外籍看護工，隨著東南亞國家的快速發展，經濟不斷成長，再過幾年，印尼來的印傭可能不來了，連越南勞工都不見得要來。

當全世界都在搶勞工，台灣因為經濟狀況持續停滯，和其他國家相較，給的薪資待遇沒有特別好，加上常有虐待外勞等情事傳出，名聲更是日漸敗壞。

放眼望去路上走的都是老人，這一天再也不是遙不可及，政府該做什麼才能改善急速老化和少子化的社會結構？

缺乏政策影響評估的年金改革

近年最常被提到的或許就是年金改革。過去，我們都假設退休後，就會有退休金可以含飴弄孫、頤養天年，但當生產的人少、退休的人多，這樣的退撫制度顯然已無法支撐，民進黨政府於是進行年金改革。

年金改革的方向是對的，錯的是沒有政策影響評估，政府從頭到尾不知道政策做下去，對社會、對國家有多大的衝擊？

當初在做年金改革時，政府完全不顧當初對公教人員入行時的承諾，毀棄信賴保護原則，全面性做大幅縮減，卻沒有料想到在二〇一八年七月落實之前，已退休和即將退休的人即因為擔心未來生活無著，而不敢消費，造成整體經濟衰退，小至小吃店、餐廳到觀光、旅宿等產業都受到劇烈衝擊。

年改的短期效應已經浮現，長期的影響更是深遠。單以警察而言，過去一個警察從就讀警察大學時開始起算年資，對自己的人生路徑乃至於未來的退休規劃，都可以清楚地盤算，到五十出頭的年紀，感受到體力不堪負荷時即可申請退休，或許還可以找到新工作，開創人生第二春。

然而在年改之後，因為退休金打折，讓原本可以退休的警察撐著不敢退，五十餘歲正是面臨孩子就讀高中、大學，經濟負擔最為沉重之時，結果大家都不敢退休，五、六十歲的警察還在外面抓十八歲的小偷，而年輕的警察又因為沒有名額，無法分發到各縣市去，在他們面前的不是新希望，而是遙遙無期的等候。

中小學也面臨同樣的困境。過去中小學的老師多在五十餘歲就退休，年金制度一變革，大家都不敢退休，因為擔心退休之後的退休金無法支撐生活，結果是造成一堆候用校長因為沒有缺額而大排長龍。

在教育界，校長通常有清晰的晉升路徑，在五十幾歲時陸續退休，在此同時讓年約四十餘歲的新人扛起重擔，猶如活水般不斷滾動，為學校帶來新氣象，如今卻是好好一盤棋全被打亂。

從警察系統到教育系統，既有的新陳代謝都處於停滯狀態，更不用說公務員。

因為曾長期在公務體系服務，我為未來的年輕人感到擔憂。說穿了，公務體系的工作是一個蘿蔔、一個坑，當坑不見了，蘿蔔要怎麼進來？

過去，年輕人從學校畢業後，透過高普考進入公務單位，服務到五十多歲就退休，轉進業界或自行創業發展，並空出中高階主管的缺，讓有理想、有抱負的人繼位，高普考的缺額隨之出現。

但現在「老鳥」不敢走，新血無法進入，結果是效率愈來愈低，機關也愈來愈老，等到這些人好不容易屆齡，終於退休，卻造成政府機關頓時中空化，陷入青黃不接的窘境。

我要提醒的是，年金改革不是不能做，而是事前沒有做好完整的政策影響評估就草率上路，表面上一年為國家省了一百八十幾億元，實際上卻讓整個國家元氣大傷。

培育國家人才的高等教育深受其害

年改捲起的風浪持續擴散，受傷的還有攸關國家人才培育的高等教育。二十年前，台大土木系一有教職出缺，大概會收到上百張履歷，都是來自國內外最優秀的人才，現在卻連十張都收不到，其中許多人年紀都已經超過五十歲。

一直以來，學校有教職出缺，我們都希望以助理教授優先考量，因為年輕人才有創意、有動力往前衝，不論是教學或是研究，都需要體力、更需要熱誠，像我這樣年紀的教授，即使功績顯赫、掛滿勳章，卻可能已失去研究及教學的動力。

回想三十年前，當我還是剛回國的年輕教授，為拚升等、寫論文，常常比學生還用功，晚上就睡在實驗室，第二天又是一尾活龍。

但像當年我這樣的拚命三郎現在大多已垂垂老矣，亟需要引進新血輪。

但當好不容易有適當的助理教授人選，對方卻可能考慮台灣公立大學薪資無法和國外匹敵，年改之後，退休金根本無法支付在台北的生活，連退休的誘因都沒有了，於是選擇到其他國家就職。

這絕對不只是對台大的考驗，對國家也是無法彌補的損失。和我同時期出國留學，在九〇年代進入台大教書的教授，占台大所有教授約百分之二十五，這也就是說，台大在三年之內會有四分之一的教授幾乎同時退休，卻無法招聘到足夠的人才補足龐大的缺口，在這樣的情況下，台大在全世界的大學排名不會繼續滑落嗎？大家對答案應該都了然於胸。

數月前，我碰到一位德國教授，談話中他提到新加坡國立大學在世界排名已經衝到前十名，我心中一驚，因為不過是數十年前，新加坡國立大學的排名還和台大相差無幾，如今卻是一飛沖天。

以新加坡這麼小的國家，為何大學可以辦到這麼好？因為新加坡政府願意投資，教授薪資超越美國，可以吸引到全世界最優秀的人才，我的好友、出身台灣的美國國家工程學院院士劉立方博士，原本是康乃爾大學工程學院副院長，前幾年即被挖角到新加坡國立大學擔任副校長。

台灣各方面的條件都比新加坡好太多，大學的排名卻一直往後掉，除了多年來沒有專業處理國際化問題，直到最近才急起直追，追根究底，更深層的原因是薪資結構僵化，對教授的薪資採齊頭式平等，在年金改革之後更是雪上加霜，無法吸引到符合需要的一流人才。

公教人員的退休金造成國家沉重負擔是事實，若是要改變，要如何改才能達到雙贏甚至多贏？這就是政策影響評估的重要，但政府卻幾乎沒有能力做政策影響評估，近年來更是任由民粹及政治算計主導政策，才會導致相同的錯誤一再重演，從凍省、非核家園到年金改革都是如此。

打造亞洲退休天堂

面對急速老化的社會，我們必須有新的思維和方向。最近我一直在思考，以國內各縣市的老年人口比例，最高為嘉義縣百分之十八．四六，其次為雲林縣百分之十七．五五和南投縣百分之十六．五二，而台北市居第四位約百分之十六．三七，也就是台北市的老年比例為六都最高。

若是用人口數來看，台灣的老人集中在台北市、新北市和桃園市，全國將近四成的老人聚集在這三個城市。看到這樣的數字，我開始思考，台北物價高、天氣也不好，退休軍公教在這裡的生活很辛苦，為何還堅持住這裡？因為台北的醫療資源和設施可能是全台最好。

記得在二〇一七年，民進黨政府提出八千億的前瞻計畫後不久，新加坡代表處的一位處長到台大辦公室拜訪我，說要跟我請教前瞻計畫。我立即說，這是假議題，不需要談，但我要談如何把中南部打造為亞洲退休天堂。

因為中南部的地價便宜、氣候條件好，加上人口密度不高，比北部更適合人居住，只要建立老人安養和醫療機制，可以吸引台北的老人南下養老，當多數公教人員的退休金被砍，在台北生活並不容易，若能遷移到中南部，即使是有限的退休金也能寬裕許多。

當有足夠的誘因，相關建設自然水到渠成。近年不斷有人提起高鐵延長到屏東，但光以墾丁的觀光人潮不足以支撐，如果把屏東變成全亞洲老人的退休天堂，當有充分的需求，除可引進相關醫療機構和設施，年輕人也可能因為工作機會而被吸引到屏東，這時要延長高鐵路線就有足夠誘因，也才符合建造成本。

高雄市長韓國瑜上任後不斷談到高雄需要一座國際機場，同樣要有足夠的人口、足夠的消費力，才有辦法支撐一座國際機場的存在。一旦亞洲退休天堂成形，從高鐵到機場都會成為其中一環。

當我跟新加坡代表處人員提到屏東時，對方馬上瞪大眼睛，因為新加坡的男人在年輕時都曾被送到屏東當兵，稱之為「星光計畫」，對他們是年輕時的美好記憶。現在新加坡人退休多到馬來西亞，地理距離雖然接近，卻總是有文化差距和隔閡，相較之下台灣是更為理想的應許之地。

如果這計畫能實現，某種程度可以解決因為年金改革，造成軍公教面臨的退休難題，解決台灣向來城鄉差距愈拉愈大的困境，還會為南部帶來新產業。

老人化、少子化，是全世界都面臨的同樣問題。就我所知，中國大陸正在推動大健康計畫，就是要面對這麼龐大的快速老化人口，但在台灣似乎就沒有相對應的節奏或計畫，來面對老化的問題。

跨部會整合，開創台灣的未來

我之所以會感到憂心，是因為我曾經在人口的主管官署——內政部任職，我們當時只談長照、談老人安養中心，關心照護員人力是否足夠、如何培養，以及拿出幾個五星級安養中心作樣板，如雙連、長庚養生村等等，都是外國乃至於中國大陸的朋友指名要去參觀，從他們眼中看到的都是羨慕。

但我自己心裡很清楚，台灣在這些「亮點」之外，並不是絕大多數的人退休都能享受到這樣的待遇，再者是，又有多少人可以負擔得起。

當路上走的都是老年人，我們該怎麼辦？當拉到更高的角度，會發現這問題在中央跨好幾個部會，在地方跨好幾個局處，大家都在做類似的事情，但資源、號令和節奏都沒有整合，這和台灣眼下許多問題都一樣，大家都在做「點」，每個「點」拿出來光鮮亮麗，但無法成「線」，甚至是「面」。

顯然現階段的台灣需要的是聰明政府，面對人口老化的未來，有系統性思考、跨部會整合的政府，將所有的點聯繫成線，再逐一拓展成網，接住我們的未來。

面對全球化，和其他國家結盟也不失為可行方法。我最近幫越南處理國土規劃與防災問題，經常跑越南，也和幾個部長建立深厚的私人情誼，趁機觀察了解這個國家，雖然越南經濟狀況和台灣比，仍有相當差距，卻是全球最年輕的國家之一，全國平均年齡低於四十歲。

台灣在建置長照制度之外，或許更可以思考和越南結盟的可能性，畢竟我們和越南有長遠的合作基礎，很多越南人對台灣並不陌生，對台灣也相對友善，而台灣曾經走過的路，就是他們現在正在走的路，相互之間有很多經驗可以分享。

若能達成合作關係，不只是引進越南勞力來解決台灣的問題，台灣也可以提供他們所需，例如協助訓練醫療人力，雙方即可達到雙贏互惠。

前提是，我們的政府夠聰明。

但從面對人口老化，政府所做的決策，就可以看出沒有人有能力作政策環評，歸根究底，就是少一個智庫、少一顆腦袋。這是無法迴避的問題，不管現在或是未來。

第七章
小學、大學空蕩蕩——人才要從哪裡來？

現在的人可能很難想像，台灣曾經有一個全世界最大的小學。位在台北市萬華區的老松國小，在全盛時期擁有超過一萬一千名學生，時過境遷，在三十年後的今天，全校僅剩不到五百人，成為台灣少子化歷程的最佳寫照。

我在內政部任職時，曾請營建署，按照教育部的中小學設置基準，就老松國小周邊，以半徑一點五公里畫出小學學區範圍。結果發現以老松國小為中心點，輻射出去的學區內有十一所小學、三所國中，以及五個捷運站，雖然交通相對方便，卻招收不到學生，鄰近的龍山國小也僅有三百個學生，空蕩蕩的校園內愈來愈難找到學生的蹤跡。

當時我的第一個念頭是，以老松國小原來可以容納二萬人的遼闊校園，到現在只剩六百個學生，很有可能成為治安死角，其次是校園的維護經費也太高，以我的經驗，小學生到學校的第一件事就是掃教室、掃操場，六百人掃二萬人規模的校園，實在說不過去，若要委外清潔維護則是筆不小的開銷，再怎麼算都不划算。

雖然和教育部的政策有關，而主管機關是地方政府，我仍主動跟當時的教育部長蔣偉寧提議合併，併校之後的空間可以做有效利用。

教育部並非沒有看到問題，我在行政院公共工程委員會任職時曾要求各部會就閒置空間進行活化，但教育部對空間的想像很單一，永遠繞著幼托和老人打轉，不是做托兒所，就是挪出一、二間教室做老人大學。

但既然少子化已是事實，轉作幼托又能發揮多少功能？

創造多贏的空間活化政策

要談空間活化，應該要有更開放的思維，而不是墨守成規。以都會區或是市中心區的小學而言，併校後騰出一半空間，即使只有三分之一，就能進行都市計畫變更為住宅區、商業區，對一向因財政困窘，為債務所苦的縣市政府，原本閒置的土地頓時成為資產，緩和負債的壓力。

此外，併校後的閒置教室也可以重新設計為住宅空間，以便宜的價格出租給年輕人，在他們找到理想的工作前由政府伸出援手，待經濟狀況好轉再遷出，不但地方政府可以節省校園維護經費，年輕人也有符合需求的房屋租住，達到多贏的目標。

二〇一三年底，我曾利用除夕夜上法鼓山敲鐘祈福時，當面跟總統馬英九提議，之後卻沒有下文，也曾找過前台北市長郝龍斌，結果他一口就否決，「不可能，校長反對、家長也反對。」他說，連校友都會反對，因為併校也併掉他們的生命記憶。

事實上，這是多大的轉機和商機，但不做就永遠都是危機。從當時提出到現在已經匆匆經過六年，閒置空間還是閒置，大家都沒看到這是解決年輕人在台北居住問題的解方，也是解決地方政府財務結構的可行之道。

結果到今天，危機仍然存在，沒有任何改變。

打造吸引優秀人才的國際化高等教育課程

同樣是在二〇一三年，當時已預測到國內一百多所私立大學，在可見的未來有一大半收不到學生，連中後段的國立大學都無法倖免於難，但台灣卻遲遲沒有建立友善吸收外國學生的機制。

日本的東京大學、京都大學收到很多外國學生，除學校本身的水準夠高，吸引優秀學生，畢業生的程度在全世界都受到認可，其次是大學國際化，設計全英文授課的專門學程，讓外國人到日本就學也有生存空間。

但台灣顯然並非如此。以台大而言，雖然世界排名不算差，卻談不上是所國際化大學，至今沒有全英文學程，教授用英文教學也是採「志願」制。

猶記得在我開的一門研究所課程，開學第一天，我走進教室，看到一個白人學生，「你從哪裡來？」我用英文問，他回答我是伊朗，我接著問會講中文嗎？他搖頭說：「不會。」

「你為何會選這堂課？」我問，結果他給我的答案是：他沒有課可以修，因為找不到全英文的課。而他已經是博士班第六年的學生，因為學費便宜而遠渡重洋到台灣，台灣卻沒有提供友善的環境，所以那堂課我採用全英文教學，既然他是學生，註冊並坐到教室內，我就有義務教他。

相較之下，台灣的大學文憑含金量不足，東京大學、京都大學的排名往前竄，原因之一就是因為有國際化學程，但我們的大學連全英文學程都沒有，很難吸引外國學生。

另一方面，政府極力要吸引東南亞學生，卻缺乏配套反造成本地學生權益受損。民進黨政府上台後大力推動南向政策，花大錢給獎學金以吸引東南亞學生到台灣讀書。

但老實說，東南亞國家最優秀的頂尖學生，要出國留學首選是歐美國家，再往下一階約占百分之二十五到三十左右的人會選擇去中國大陸，因為對岸有足夠的市場和吸引力，願意到台灣的學生多屬這一階，甚至是較為後段。

這類的學生來到台灣，很多人都進入國立大學，他們通常不會中文，英文也不夠好，可能程度也不到國立大學所要求的程度，讓台上的教授無所適從，不但影響教學品質，本地學生受教的品質也不斷受到不必要的干擾。

作為一個大學教授，課堂上出現東南亞學生，我常會感到左右為難，一來是無從確認他們的程度，二來是課堂上不知該用哪種語言，因為中南半島來的學生英文不夠好，即使他們夠好，台灣學生的英文程度可能也不好。

貿然南進招生的結果是本國的教育資源被分掉，還影響教學品質和進度，學生的權益跟著受損。

教育南進：輸出台灣引以為傲的技職教育

教育既然要南進，應該是以既有的強項去攬才招生。台灣的技職教育在八〇年代可說是全世界數一數二，今時今日應該將技專院校對外開放，藉由輸入學生來輸出台灣最引以為傲的技職教育，同時可以為在東南亞的台商培養幹部，可謂一舉數得。

可惜的是當年的一番「教改」，不僅新大學如雨後春筍冒出，連技職專校都搖身一變成為科技大學，損失優秀的高職和技專院校，卻多了一堆華而不實的「大學生」。

於是我們看到大學生滿街走，學校教育卻培養不出學有專精的修車技工，而修了一輩子車的老師傅空有一身武藝，在科技大學的評鑑制度下根本無法生存，導致技職逐漸式微，技職教育幾乎被摧毀。

要解決大學的空洞化，又要和東南亞國家建立關係，不如採取務實南向。所謂的「務實南向」，既要在東南亞拓展台灣的影響力，也要解決台灣現階段的難題，也就是吸引東南亞優秀的年輕人來就學，畢業後可留在台灣就業，沖淡台灣老化和少子化的人口結構，也解決勞動力不足的問題。

即使他們選擇回到母國就業，也會把在台灣所學和所見所聞都帶回去，成為對台灣友善的朋友，也是台灣國力的延伸。

總而言之，南向政策和移民政策要相輔相成，才能為國家創造最大利益。我們這些在八〇年代前往美國留學的留學生，都親眼見證美國如何留下各國前往就學的菁英，才能成就日後的美國。

台灣要化危機為轉機，不僅要設法吸引並留住東南亞來的年輕人，更要開放中國大陸的中上程度學生前來，待畢業還要鼓勵他們留在台灣，因為國家將一個人培養到高中甚或大學畢業，需投入相當的資源，不論是外國或是中國學生若能留下來，都是國家的人才，也是支撐國家的重要支柱。

但因兩岸間互不信任，原本互補的可能也消失。如今我每次看到人口結構圖，心中想到的都是台灣的未來，孩子要從哪裡來？又有誰可以支撐老化的台灣？

更大的危機是我們正在流失年輕人口，因為就業機會、薪資結構、政治不安定等種種原因，很多人一從學校畢業就離開台灣，若我們想要留下外國學生、大陸學生，很多政策都要鬆綁，尤其是中央政策需要釐清以制定方向、節奏。

曾經有位年輕同事，跟我提到台大國際企業學系（舊稱國貿系），一個班級的學生畢業，有三分之一會前往歐美，另有三分之二到中國大陸，一個都沒留在台灣，我相信這不會是特例，關鍵推力自然是薪資結構過低。

吸引良才的友善移民政策

不僅如此，台大很多青壯教授都被國外大學挖角，因為我們給的薪資不到中國頂尖大學的一半，僅有香港的三分之一，而大學教授的市場是國際，決不是只有本地，良禽擇木而棲是最自然不過的道理。

相較之下，新加坡政府內有獵人頭組織到處去找人，有計畫地向全世界最好的人才招手，政府為吸引外國人才，課徵稅率相當低，當美國在全世界查稅，很多人寧願放棄美國籍而搬到新加坡，即使是台灣都有知名企業家成為「新加坡人」，綜觀新加坡的白領階級，有很大比例是外國人。

台灣的移民政策卻是相對封閉而不友善，造成願意移民到台灣的多是藍領勞工。當台灣培養的菁英源源不絕到其他國家為他國企業所用，台灣卻只能引進藍領勞工，對國家社會絕對是個隱憂，無法忽視的隱憂。

當台灣的人才製造速度抵不上流失的速度，台灣的人才要從哪裡來？

最近十年，我們已經錯失太多黃金時間，以致危機永遠是危機，卻始終無法成為轉機，甚至是生機，而政府的思維才是其中的關鍵。

第八章

當鹽鹼地不斷擴大，糧食再也不安全？

全球氣候變遷造成極端氣候，水災、旱災的頻率愈來愈高，土地愈來愈沙漠化。

科學家預測若各國再不端出具體措施進行減碳，預計到二〇五〇年可能增溫達攝氏二度，全球的氣候將大亂，不但海平面升高三十公分，北極海水溫度也會大幅上升，造成大量北極冰融化，釋放出埋在永凍層下幾萬年的甲烷（沼氣），對人類將是一場大災難。

不只是北極融冰，一直以來被當成人類穀倉的俄羅斯、中國、美國、澳洲等地，也因為氣候變遷影響而逐漸沙漠化，未來穀倉可能轉移到西伯利亞和加拿大北部，問題是，那些地方沒有灌溉系統、沒有人，要靠誰去種植糧食以養活全世界的人？其次是因應氣候變遷勢必產生大量的氣候難民，數量甚至可能高達幾億人，又要如何移動？能移動到哪裡去？

天災人禍，鹽鹼地棘手難題

回到台灣，一直是極端氣候下的高風險地區。台灣的穀倉在西部沿海，從彰化、雲林一路到屏東，但這些地方全都位處地盤下陷區，因為四十年來長期抽地下水，將累積數十萬年的地下水含水層抽光，造成海水入侵，土壤也跟著鹽化，逐漸成為所謂的「鹽鹼地」。

鹽鹼地，意指鹽分含量高、酸鹼值（ＰＨ）大於九的土壤，植物難以生長、尤其是農作物。

幾年前我所掌握的數字，屏東在離開海岸線五公里的地方，抽出的地下水已經是鹹水了，顯示土壤已經受到海水入侵鹽化，相信現今的距離一定擴散得更遠。事實上，如果曾到嘉義東石、布袋的朋友會看到很多地方的魚塭荒廢、耕地種不出植物，只能任由荒煙蔓草滋長，同樣也是因為過去超抽地下水的人為因素，導致土壤鹽化，成為鹽鹼地所造成。

隨著氣候變遷的效應浮現，當海平面逐漸上升，再過五年、十年，我們要吃什麼？當台灣有一天連自給自足的糧食量都無法確保，即使現在有錢去跟美國買黃豆、大豆和麵粉，去泰國買長米，總有一天，這些糧食生產國同樣會受到氣候變遷影響，土地逐漸沙漠化，再也沒有足夠的糧食能賣給台灣，而我們的土地又鹽化，到時該怎麼辦？相信沒有人可以回答。

雲林、嘉義處處都可以看到的廢棄魚塭和長滿雜草的荒地，這些都曾是在收穫季節長出黃金稻海的良田，不過幾十年的時間，魚塭無法使用、耕地也種不出作物，成為面積廣泛的鹽鹼地，地力再也無法恢復。

台灣鹽鹼地的面積至少有一千八百平方公里，等同十分之一的西部平原，如果政府和當地居民繼續超抽地下水，結果就是鹽鹼地的面積不斷擴大，糧食安全受到威脅，更不用談淹水的可能性時時存在，只要一場豪雨就讓地盤下陷區癱瘓。

當糧食安全受到威脅，台灣的下一步該怎麼辦？水是其中的關鍵。

以精緻滴灌取代粗放灌溉

台灣農田的灌溉方式是粗放式，也就是任由水經過灌溉渠道到農田，我們的灌溉渠道年代都相當久遠，許多是日據時代的老幹線，途中因蒸發會損失四分之一，漏水漏掉一半。當一滴水從水庫出來後，到滋養稻作時只剩下百分之二十五。

小時候，我曾跟著種田的祖父在半夜外出去巡田水，要確保水從灌溉渠道出來後要流經每塊田，秧苗才能獲得足夠水分，過去要靠人工巡田並控制水源，每一滴水都不敢浪費，如今卻是放任水流到最後全都流失。

以國內的水權而言，民生和工業用水約占百分之三十，其他百分之七十的水權都掌握在農業單位手中，而且幾乎都是用粗放式灌溉在處理。相較以色列在灌溉上採滴灌，以吊點滴方式將水直接滴灌到植物根系，我們至今仍是粗放式灌溉，且即使耕作面積不斷萎縮，水權比例也未調整，這筆糊塗帳從沒算清楚過。

台灣需要多少農地？農地是否要釋出、憑什麼釋出？從農委會、內政部營建署到經濟部工業局、水利署，乃至整個行政院都要坐下來談。

早年處於經濟發展時期的台灣，首次受到衝擊是加入世界貿易組織（WTO）。一九九八年，台灣準備加入WTO，當時我在台灣省政府水利處任職，監督管理農田水利會，有一天收到中央單位的公文，指示水利處釋出五萬公頃農地，因為加入WTO之後要擴大農產品進口，不需要這麼多的耕地。

接到指令後，我跟中央反映水利處沒有這方面專業、也沒有能力，憑什麼釋出五萬公頃農地，這需要和國土規劃一起考量。二十年過去了，這項農地釋出工作一直沒有落實。到現在我們每天都在喊缺水，但因應手段只有一招，就是和農民調水、休耕，把農民嘴中的肉給挖出來，去解決大企業的缺水危機，但大企業賺到錢也沒有回饋給農民，休耕地一甲由政府補貼六萬元，但農人一季拿六萬元如何過日子，還有賣肥料、賣農藥及代耕、代收割業者該怎麼辦？

二、三十年來同樣的戲碼不斷在上演，如今的農地上到處都是鐵皮屋，還是沒有規劃過、雜亂的豹斑式鐵皮屋，土地紅利沒拿到還造成社會問題。

最嚴重是新北、桃園，從高鐵沿線放眼望去，田地中都是工廠，工廠一蓋下去，廢水排到旁邊農田，土壤受到污染導致收成不好，農民乾脆就不種，土地放著放著長出草來、蟲也來了，蔓延到隔壁農田，一塊又一塊的農地就這樣荒廢，諷刺的是農地不再種稻，但一滴點水也沒有省下來，還是在灌溉渠道裡流著，只是變髒了。

桃園曾經處處都是良田和埤塘，如今田沒了，取而代之的是一堆鐵皮屋，埤塘也只剩下兩百口。記得以前在水利處服務時，每個月都會收到一張報表，桃園超過千口埤塘，每年蓄水量可以達到一億多萬噸，規模相當於一座中型水庫，到現在時間不過二十年，就只剩下兩百口。

不論是桃園或其他縣市，政府似乎都沒有清楚的定位，以至於只能隨著商人走，跟著商業行為前進，傷害的是耕地逐漸萎縮，糧食安全成為無解的習題。

跨部會整合的國土規劃

政府該發揮的角色，是進行國土評估和規劃。先找出環境敏感區域，以及生態保護區，再根據不同的災害潛勢，進行分級、分類，留下優良農地，非優良農地則透過都市計畫變成建地或其他用地，地主可以分得一部分享有土地紅利，國家也有足夠籌碼協助農村轉型。

我要強調的是土地的使用方式要確立，遊戲規則要講清楚，但這些在過去、即使到現在都不清楚，於是看到今天的結果，雖然政府口口聲聲做環評，卻是只針對單點的狹隘技術環評，這種環評走到現在已不足以應付今天的狀況，我們需要的是政策影響評估。

其次是農田和水利之間關係，必須要重新調整。過去農田水利會掛在省水利處下，水利處就像是娘家，水利會的疑難雜症都可以找水利處幫忙，連工程都協助處理，雙方關係好得不得了。一旦工業民生用水出問題，水利處只要將水利會會長找來，大家將條件談清楚，即可調撥農業用水轉作工業或民生用水。

說穿了，就是因為大家都是一家人。

在凍省之後，水利處成為經濟部水利署，農田水利會轉而隸屬農委會，但水利會的專業問題，農委會也幫不上忙，若是要調撥水源，還要農委會、經濟部長坐下來談，本來很有效率的政府行政，在凍省後因為將部門拆解，導致行政效率更為低落。

現今政府該做的是把農委會和水利署的帳掛在一起，針對農田的灌溉渠道做盤整，精密農業區要種稻子就要有種稻子的方式，假如要高經濟作物做滴灌，農民負擔不起，政府可以用財務手段去補貼，扶植精緻農業成為真正的產業，以色列可以做到，台灣沒有理由不能做。

這所有的一切，歸根究底都牽涉到水資源開發。農業用水到底用多少才算合理？

若是從台灣的國民經濟所得去計算，合理的農業用水量是五成，以現在農田水利會擁有七成的水權估算，應該撥出兩成水量，和農地釋出一起做評估，剩下的五成則禁不起再用粗放式灌溉，而是要栽種具有戰略性的作物，例如稻米，不符合經濟價值的作物則鼓勵轉型為高經濟價值作物。

只是一直以來，台灣談用水、談農地就是一筆糊塗帳，帳從來沒有算清楚過。農民將手上的地拿來蓋別墅，連地和別墅賣了一千萬，沾沾自喜以為自己賺了，但一個接一個用農地換別墅，造成農地破碎化，政府的損失又何止一億元。蘭陽平原十多年來多出了七千多棟的別墅，就是慘痛的案例。

面對氣候變遷，乾旱將是愈來愈嚴峻的考驗。今天若不處理，未來我們只能跟以色列買滴灌的技術，而政府的角色不只是治理，還可以更積極，像荷蘭政府一樣，不僅解決自己國家的問題，並且輸出技術去賺全世界的錢，這絕對不僅是一般的商業行為。

「一把米，可以煮成一碗飯，也可以撒成一畝田」

政府不僅要有能力針對問題提出解方，還要從中看到產業發展的機會。談糧食安全，涉及的不僅是水資源和農地政策，還有促成相關產業鏈的可能性，例如和農業生產有直接關係的氣象，和期貨、貨運、運輸和保險等也都綁在一起。

每一種產業都有新的可能性，以氣象為例，最需要氣象協助的是政府，因為政府最需要建立風險的概念，過去氣象局只做氣象報告，現在需要的是把氣象資訊轉換成為農委會、經濟部、交通部等等各部會的決策依據。

政府部門更不能墨守成規，就像農委會，可以只是做到國泰民安、風調雨順，也可以藉由資訊深化，進軍東南亞甚至是全世界，這也是我一直以來強調的，「一把米，可以煮成一碗飯，也可以撒成一畝田」，光看政府如何思維和運作。

否則光談氣象、看氣象，永遠看不出結果，光從農業談農業，也談不出結果，關鍵是必須拉高制高點，將所有的帳兜在一起，所有的資源整合在一起，這才是我們所說的「聰明政府」。

第九章

沒有上位計畫，國土只能繼續破碎？

在我小的時候，台灣很窮，但我們一直相信只要努力用功，就會有機會，就能出人頭地。

前教育部長吳京從小在台東長大，前台北市副市長、曾任高鐵董事長的歐晉德也是來自台東。再看看台大，和我年紀相近或是較長的教授，超過一半都來自中南部，這意味著，在過去不論是來自台灣的東南西北，機會是屬於努力的人。

走到今天，台灣的城鄉差距愈拉愈大，從台大即可一窺一二。

現今的台大學生大部分都來自雙北，他們的父親出生地卻多是雲林、嘉義等地，意味著人口逐漸往台北傾斜，城鄉差距愈拉愈大，教育資源錯置從未解決，以致必須用繁星計畫來彌補。

繁星計畫看似從非都會區找到「珍珠」，讓他們有機會進入一流大學，我們也因為撿到珍珠而沾沾自喜，卻忘了更多掉滿地的珍珠。讓我深刻體會到，若人口、產業無法聰明地分配在國土，這就是我們所面臨的結果。

遷都中台灣！讓南台灣跟著動起來

台灣缺乏國土規劃的影響，還可以從另一件事看出來。過去，因為重要活動都在台北，中南部公務員和大學教授要花許多時間搭乘交通工具到台北，高鐵通車後，情況不但沒有改變，還愈演愈烈。

但高速鐵路既然已經開通，縮短南北的距離，國土的概念也應該有所不同，還有必要把人都塞在台北嗎？要解決台灣的多數問題，唯一的方案就是遷都，把行政院、立法院遷移到中台灣，這個動作一做，馬上有三百萬人跟著離開台北，大台北剩下五百萬人。

這三百萬人到了中台灣，把中台灣經濟力帶起來，南台灣跟著動起來，台灣的人口、產業很聰明地分散在西部，從教育到社會福利、老人安養等問題都可以解決一半。

這就是廣義的國土規劃。翻開台灣的歷史，最早的首都在台南，因為荷蘭人從印尼過來，占據了台南。鄭成功收復台灣後，自然就把根據地設在台南。之後會設置在台北，應該是日據時期，從日本要到台灣，會先在基隆下船，台北具有地理上的便利性。

當初在設計高鐵時，既然已經完全改變空間的距離，政府該做的是同步進行國土規劃，首先先算出土地容受力、土地承載力，這塊土地東南西北中各能住多少人？住宅區、農業區、科學園區適合設在什麼地方？卻從來沒有人算過。

我到內政部工作後，要營建署長去算土地容受力，署長直接了當說：「沒人會算。」因為要進行計算，這個工作在行政院要跨半個院，在一個大學要跨五個學院、三十個系所的統籌，在先進國家多是由智庫算土地容受力，但我們政府什麼都有就是沒有智庫，嚴格來說，有一個民進黨智庫、一個國民黨智庫，他們把大部分的精神都花在政治算計，卻沒有在土地容受力上計算過。於是我跟營建署長說，給我七十分的答案我都勉強接受。

當時我所盤算的是，將全台灣的土地容受力算出來，簽送到行政院，經行政院公告之後，才能成為國家建設的上位計畫。因為如果沒有國家建設上位計畫，就會出現如我們現在所見，將核電廠設置在斷層附近，將耗水的科學園區設在缺水的區域，一堆人住在災害潛勢非常高的地方，且房價還高得不得了。

為何我可大膽地提出遷都中台灣的建議，因為依據我的水利專業判斷，目前大甲溪水系有一系列水庫，主要供水力發電用，只有在石崗壩攔了一部分水，供中台灣使用，未來只要將發電和水利運用最佳化，屆時應該可以調出更多水以供使用，用水應該無虞。但最終仍要依據土地容受力做最後決定，同時定位中台灣和南台灣的角色，才能做出整體發展策略。

但我們國家從頭到尾，沒人算過土地容受力，遑論作為政策規劃依據。事實上，確認全台土地容受力，除可據以了解各地水資源分布狀況外，更可以作為防災、救災之用。

我在內政部長任內，二〇一三年完成全台灣的災害潛勢圖，這些圖不僅可作為防救災之用，更重要是要反映在都市計畫和區域計畫上，也就是根據災害等級重新檢討都市計畫和區域計畫，未來台灣的土地使用標的，是根據不同的災害等級，如此才會知道包括科學園區、工業區、住宅區所承受的風險，下一步才有辦法做到先進國家所必須具備的防災保險。

以災害潛勢來制定的多層次套疊計畫

未來所有土地的使用，都要依據災害潛勢制定「標的」。如此一來，只要將土地容受力、災害潛勢地圖和都市計畫、區域計畫等進行套疊，政府即可據以訂出未來二、三十年的規劃，慢慢把人口和產業聰明地分布在全台灣，這才是真正具有「前瞻」性。

在這樣的基礎上，台灣在未來二十年，將有做不完的公共建設，不僅是興建輕軌，連高鐵是否要從高雄延伸到屏東都有討論的依據。

這些在當時都曾落實規劃，最終卻沒有實現。在我離開內政部之前，北部土地容受力已然計算完成，災害潛勢圖也出爐，但行政院沒有列為施政優先順序，更沒有經過立法程序，結果就是一堆人繼續住在危險地區，台北市、新北市仍然是高土壤液化潛勢區。

當我仍是內政部長時，這是部長的職權，我也列為施政優先工作，但在我離開政府後，接任的人絕不會繼續做，因為在政治圈的人都知道，這是一條紅線，會踩到一堆人的既得利益，尤其對地方生態了解的人必然清楚，地方議會的複雜度非常高，很多縣市議員的背景都和土地有關，未來落實到地方，議會會通過嗎？

想在議會通過，我只能說難度相當高，除非是中央力挺或是極力要求，也就是要有行政院的強力奧援，才有可能成事。

可想而知，在我之後，沒有人要幹這種吃力不討好的傻事。

公共建設不能任由企業把持發展，國家需要國土上位計畫。以台灣這個不大的島嶼，只要把土地容受力算出來，不論是經建計畫、都市計畫、交通建設的規劃都有堅實的依據，而不是任由官員或政客隨便喊價、隔空抓藥，就像前瞻計畫被質疑為綁樁或是消化預算，卻看不到前瞻的基本精神。

最根本的原因就是沒有國土上位計畫，很多單位都是為計畫而「做」計畫，舉個最簡單的例子就是輕軌，為做輕軌而設計輕軌，有沒有這個需求？養不養得起？沒有人有答案。

大眾運輸離開雙北，幾乎都是政府在貼錢，確實是目前的困局，但不能因此就不做輕軌，因為台灣已進入高齡社會，有百分之十四的人都超過六十五歲，到二〇三〇年快速增加到百分之二十，躍升為超高齡社會，屆時桃園以南、尤其是中南部沒有大眾運輸系統，老人該怎麼辦？這樣的情況，我們不需要擔憂嗎？

但問題不應該簡化為要不要蓋輕軌，而是在蓋輕軌之前，寧可多花兩年時間訂出國土上位計畫，訂出具體的目標，距離二〇三〇年還有十一年的準備期，很快就會到。記得我在內政部講這些話時是在二

○一三年，我們已經錯失六年，在這六年期間又推出一堆荒謬計畫，就是因為大家都不做基本功課，部會都各自為政。

唯有上位計畫，台灣才有未來

我要強調的是，台灣不應該為做國土計畫而做國土計畫，而是要有上位計畫，有了上位計畫，國家才會有未來二、三十年的目標，部會才知道要往哪個方向一步一步往前走。

在上位計畫確認後，各部會都要提出相關計畫。國土計畫需要的內容分為好幾層，從人口分布、教育水平、資源分布等等，聚攏成為龐大的地理資訊系統，再算出土地容受力、災害潛勢圖，接下來才會有區域計畫、都市計畫，在這樣的基礎上才有交通建設，從道路、台鐵、高鐵到輕軌。

當要設置科學園區，要先知道勞工在哪裡，後面要有學校栽培所需的技術和人才，從職校到大學作為支撐。今天新竹科學園區之所以能成功，是因為擁有所有的條件，包括清華大學、交通大學還有工研院都在新竹，周邊有寶山一號和二號水庫，有土地、有水、有電力、有勞工，造就所有成功的可能。

可惜的是，今天到中南部，會看到多年的問題仍舊存在，從未有所改變，以近年常談到的「五缺」來說，從缺水、缺電、缺土地、缺勞動力到缺人才，若是能把產業往中南部移動，人口自然會隨著產業走。

然而，台灣卻常常是為做科學園區而做、為做高鐵而做高鐵，都只有單一目標，為發展產業、或是發展交通，卻沒想到這些都可以放在一起談，達到真正的雙贏。

國土計畫是台灣建設的上位計畫，人口結構卻可能是所有規劃的上位計畫，舉例來說，因應人口愈來愈老，產業必須跟著轉型、都市也要重新設計，設計適合老人居住的城市，以及適合老人的交通運輸系統。

只是現在的政府，都忙著在解決昨天的問題，根本不敢想明天的問題。

政府公務員解決了今天和明天的問題，但有沒有人幫我們思考未來的問題？我認為這就是智庫該扮演的角色。未來的問題因為全球化和全球暖化愈趨複雜，甚至還需要和其他國家合作，才能解決國內的需求，例如人口紅利國家在東南亞，我們要如何和他們互補達到雙贏，其中牽涉教育政策和移民政策等等。

關鍵在於缺乏上位計畫，後續什麼都做不了。

為國家定錨，就是上位計畫

上位計畫，簡而言之就是為國家定錨。還記得一六年的總統大選，當年親民黨主席宋楚瑜參選，我是他的重要幕僚，當時我們針對外交提出的主張是「台灣的外交政策前提就是兩岸關係」，沒有兩岸關係，台灣很難談外交，因為其他國家都看中國的臉色，沒有中國點頭，多不敢跟台灣交往甚至合作，從這樣的現實看來，兩岸關係就是台灣外交的上位計畫。

但我們連國家定位至今都不清楚，以致在許多產業政策上失焦，例如前幾年吵得沸沸揚揚的桃園航空城。以台灣的需求而言，並不需要這麼大規模的桃園航空城，要成功的關鍵在於兩岸關係，若能成為亞太運輸的一個熱點就有發展的可能，當然前提是我們自己有沒有智慧設置防火機制，和中國大陸合作，達到雙贏，又避免許多國人心中的疑慮。

但到今天，桃園航空城似乎無疾而終，這不是桃園市所能決定，而是中央的政策，當中央都不清楚國家定位，航空城又要如何定位？

上位計畫，對今時今日台灣的重要性，不言可喻。沒有上位計畫，國土只能繼續破碎，當前瞻（計畫）空有前瞻之名，對於各方勢力角力，只能繼續妥協。國家的未來，令人擔憂。

第十章

政府組織缺章法，誰來算總帳！

台灣的政府組織複雜，很多部會業務重疊，都在做相同的事情，對同一目標各自投入資源，卻沒有算總帳的概念，缺乏效率和效能。以地盤下陷區為例，早在我還在省府服務的年代，經濟部就在修海堤，以避免漲潮時海水倒灌，省政府水利處則是每年投入三、四十億元做整治，即使政府不斷設法以免地盤下陷持續惡化，自來水公司、工廠、許多公家機關、農民和養殖業者還是繼續抽地下水，導致彰雲嘉地區每年下陷十餘公分，投入的資源全數泡湯。

更糟糕的是許多部分的政策出現矛盾現象。當經濟部在治水時，交通部因為淹水不斷提高道路，同時農委會卻在輔導養殖業，這樣的情況幾十年來不斷重演，連「標」都沒治到，何況是「本」。

治標也治本的治水方案

因為看見這樣荒謬的邏輯，我在二〇〇八年、二〇〇九年協助水利署規劃總合治水方案，總合治水的關鍵是要先解決農民吃飯的問題，讓他們不抽地下水，才有辦法真正解決地盤下陷的問題，先從政策面到產業面著手，提出政策，確認產業，然後再進行城鄉規劃，最後才是工程手段。

在總合治水的過程中，跨及好幾個部會。內政部營建署為第一棒，重新定義土地使用標的，未來地盤下陷的社區部落要墊高，墊高用的土要從哪裡來？就從挖掘滯洪池而來，滯洪池的設置地點則要和景觀結合，甚至要結合污水處理，處理過後的水還有許多用途。

從滯洪池的地點和功能，以及社區部落墊高後的住屋形式，都由營建署先定義清楚，交通單位沿著鄉道、縣道興建道路，水利單位再規劃堤防、抽水站等等，即可一勞永逸控制地盤下陷，同時還可能製造出新產業。

當時估算包括義竹、東石和布袋三鄉鎮總經費約需一百六十億元，就能根本解決地盤下陷問題，同時能製造新產業，讓土地價值增加。總合治水計畫在行政院跨五個部、十個署，部和部的政策永遠矛盾，署和署的政策常常牴觸，進入經建會從二〇〇九年一直討論到二〇一三年，終於拍板決定要做，預算及規模都縮小到六十億元，但因為嘉義縣拒絕當主辦單位，行政院又不堅持，這個計畫最後無疾而終。

一百六十億元很多嗎？這筆帳從來沒有算清楚。東石魚塭的公共地價一坪是四百元，市價卻僅有兩百元，意即根本沒有人要買，但當政府把淹水徹底解決，土地價值自然會增加，政府所投入的一百六十億元，從土地價值的增加很快就可以賺回來，更何況不用再投入無謂的治標工程，以及每年遭遇的農產品損失。

轉進精緻農業提升土地價值

但地盤下陷區控制住後，那一整片土地已經鹽化，東石即使不再淹水也無法種植作物，唯一能長的是草，此時可以考慮發展精緻農業，也就是用水耕的概念，種植有經濟價值的作物，讓植物可以不用碰到土壤，唯一的關鍵是電力，只要在當地發展太陽能、或是氫能，透過微電網系統即可解決。

一旦淹水問題解決，自然有人願意投資做精緻農業，只是現在的土地價值太低，根本沒有人願意去做賠錢的生意。每次到雲嘉彰地區，我都為農民感到不捨。台灣的氣候條件比荷蘭好太多，為何荷蘭的農業能賺大錢，台灣卻做不到？

事實上，除精緻農業產業之外，當土地從淹水困境中釋放出來，可以建設成為退休天堂，當總合治水完成，並開發出滯洪池，就能型塑出生態環境，如同美國佛羅里達養生村，村內有豐富的生態環境、池塘、草地等，還有高爾夫球場。

地盤下陷確實是一個危機，這是因為過去的錯誤政策而造成的危機，但轉一個念頭，危機可以變成轉機，如果念頭不轉，永遠是危機，地盤也繼續下陷，政府每年投入三、四十億元，幾十年過去就有上千億元，農民又得到什麼？當有一天，地下水抽出來都是鹹水，這塊地就死了，成為鹽鹼地，不但無法耕種，連住人可能都沒辦法。

從頭到尾政府治水就是一筆糊塗帳，到今天仍是如此。談到治水，水利單位只有三帖藥，水門、堤防和抽水站，最近多一帖是滯洪池，我在內政部時提出最新趨勢是「低衝擊開發」，增加十多帖藥方，但現今的民進黨政府聽不進去，只想到種電，將所有土地鋪滿太陽能板，以為種電可以解決一切問題。

但種電卻會引發新的問題，第一，農地或養殖池種電能發多少電量？其次，農地種電如何儲電以及回饋到電網？第三，大規模的農地、養殖池種電可能造成生態浩劫，因為原本水域是水生動植物的生活環境，要在水域種太陽能板，不如種到屋頂上更符合需求。

大系統與小系統，雙向奧援

國外的做法是在自家屋頂裝置太陽能電板並有儲能系統，發出來的電先供自家用，有多餘的電再賣給電力公司，電力公司透過大電網把電送到每個人家中。

我認為台灣可以比照的模式，是國家補助每個人在自家設置獨立小電網，社區也有自己的儲電系統和微電網，成為獨立小系統，當電力公司的大系統出現供電障礙，社區仍能運轉，供電無虞，如此一來，不論是太陽能產業或是氫能產業都會起來，這樣的模式若成功未來可以複製到有許多小島的國家，包括印尼、菲律賓等等。

過去，台電的工程師要負責把電遷到偏遠的部落，讓家家戶戶都有電力可以使用，現在以我對氫能和微電網的了解，可以用比過去少的代價建立各別系列的獨立系統，解決偏遠或獨立部落的供電問題，從偏鄉到離島都適用。

政府要算的是大帳，是長期實質和隱形的支出，而不是局限於短期的帳面數字。以供電而言，政府若能對偏鄉和離島地區住戶給予無息貸款，讓當地住戶建立獨立供電系統，所用能源可以從太陽能、沼氣到氫氣等等，表面看起來是政府要撥付一大筆資金，實際上卻可以從大的供電系統省回來。

因為大系統常會受限颱風、土石流、地震而斷電，如今的世界趨勢已經從大的供電系統，慢慢轉向中系統，乃至於鼓勵設置社區小系統，如此一來，如果因為雷擊或是地震等意外，導致整個系統都掛掉，小系統仍可持續運轉供電，有過多的電還可以賣出去，將所得用於社區總體營造工作。

這就是我一直強調，從治水到用電，是危機也可以是轉機，端看政府的治理思維，算的是眼前財政帳本上的帳，或是更長遠、影響更深遠的那本帳。

還記得在一九九八年，那時我還在省府水利處服務，我跟當時的政務委員楊世緘說，未來南部一定會嚴重缺水，因為在曾文水庫和南化水庫之後，台灣即沒有大型水利開發案，眼看美濃水庫也蓋不成，南部地區終究會面臨缺水。

當時為因應美濃水庫無法興建，水資源開發受阻，可能影響高雄地區發展，而改採從曾文水庫越域引水，蓋引水隧道聯通高屏溪支流荖濃溪，以便在豐水期時從荖濃溪引水到曾文水庫，在枯水期時再從曾文水庫引水到高屏地區，以滿足高屏溪徒有豐沛水量卻沒有水庫、曾文溪有水庫卻無法蓄積足夠水量的缺憾。

不料，發生在二〇〇九年的莫拉克風災，將直徑達四、五十公尺的引水隧道全埋在地底下，蓋到一半的越域引水工程宣告無疾而終。

但過去政府鼓勵產業往中南部遷移，不僅蓋了中部科學園區、南部科學園區，南科還有高雄路竹基地，水資源開發政策跟不上產業發展速度，南部勢必面臨缺水的一天。這該怎麼辦？

既然水源開發在台灣愈來愈不可行，水的回收再利用成為必走的途徑。因為國內的污水處理廠一天約處理二百八十五萬噸的生活污水，相當於一千萬人的用水量，但處理後全部放流掉，現成的水資源就這樣平白無故地流失。

在我看來，以新北市約四百萬人，一天的用水量不過一百二十萬噸，彰化縣上百萬人也才三十萬噸，讓二百八十五萬噸的水白白流失實在太過可惜。

再生水將成企業搶著要的「保命水」！

依照政府組織和職權，水資源開發為水利署職掌範圍、污水回收廠則在內政部營建署轄下，二〇一三年我還在內政部服務時，水利署的水資源開發計畫，尚未將污水回收再利用納入。

於是，我將水利署長和營建署長一起找來，請營建署從南到北找出八座示範場，在污水處理廠加一座再生水廠，也就是將水回收處理後，經過程序成為再生水後交給水利署運用，協調好之後，再召開會議由當時的行政院副院長毛治國主持，確認要做八座再生廠，全案終於拍板。

但這案子到經建會後開始談「本益比」，也就是投入成本和每年收益的比例。當時經過精算，一度自來水平均約十元，再生水因為處理成本高，每度水約二十七元，以兩者差距這麼大，質疑未來收益的可能。

還記得我在行政院會上曾經三度反駁，請經建會要算大帳不要算小帳，「大帳」就是要把水資源開發的成本一起算，以現階段開發水庫，一度原水的成本可能要到二十幾元，海水淡化後的水更要三十幾到四十元左右，不論是哪一種，回收再利用的再生水並不算貴。

其次是以一天回收二百八十五萬噸的水量，可供水量相當於一座半的翡翠水庫，以今時今日蓋一座新水庫的成本，絕對不只是千億元可以計價，這筆帳也要一起算進去。第三，根據企業自身的估算，中鋼只要一天缺水，損失可能高達七億元，新竹科學園區的一天用水量若是減少到百分之五十，經濟損失更是高達三、四十億元台幣，營建署將水回收再利用做成再生水，即可降低廠商缺水的風險。

我請經建會在算帳時，這筆帳也要一起算進去，連節水產業可能產生的經濟效益也要一起算，這樣算一算，一度二十七元的再生水貴嗎？一點都不貴，我還拍胸脯說，如果水回收列為國家施政的優先順序，一定會投入經費做研究，再過幾年成本可以降到十幾元，形成有競爭力的產業模式，就可以跟以色列、新加坡一樣，去賺全世界的錢。

從事後的發展來看，再生水產業確實可行。在計畫的八座再生水廠中，鳳山溪再生水廠為第一座完工，當時我們才剛決定要做，中鋼就搶著要簽約，一度二十七元遠高於自來水，中鋼為何會搶著要？原因很簡單，因為這是最穩定的水源，只要有人就有回收水，也就是「保命水」。

過去，經濟部從未想過將水回收再利用，提出的水資源開發政策永遠停留在蓋水庫，內政部認為缺水不關我的事，工業局更可堂而皇之說不干我事，各部會各行其是，不可能有人會提出水回收再利用的可能性。

今天台灣遭遇最大問題是行政院沒有國家方向的宏大藍圖。行政院若是有既定的方針，例如在五年內讓水回收達到八成，分配各部會，從農委會、經濟部、內政部等等都有責任，部會就會提出相關政策，科技部做相關研究，也就是解決問題導向的科學研究，全台灣都動起來，這就是我所說的「大帳」。

在政府內部，每項業務都會跨很多不同部會，而每個部會都有自己的一筆帳，也有自己的政策，問題是，從部會角度看事情看不清楚，這也就是我所說的，為何行政院要有大藍圖，再分給每一個部會要執行的方向，並要每個部會根據行政院指令編預算，就不會重複投資、不會互相矛盾。

最重要的還是要能解決問題，並製造出新的產業，水資源的道理如此，能源也是這樣的概念，產官學要能全部結合在一起，不僅提高大學的研究職能，新的產業也隨之出現。

回到最初所講的地盤下陷區，就是因為行政院沒有明確的政策目標，只是頭痛醫頭、腳痛醫腳，不斷撒錢，結果仍是一事無成，但如果農委會、內政部、經濟部能一起坐下來談，最後一定會談出和我所提出類似的「總合治水方案」。

這筆帳，其實並不難算，只要各部會拋棄本位主義，跨領域對話、跨部門整合，方向自然就會清楚。

第十一章

政府要如何變聰明

隨著國際局勢詭譎多變，台灣的角色愈趨重要。此時此刻的台灣，需要的不再是過去「大有為」的政府，也不是「小而美」的政府，而是一個聰明政府。

什麼樣的政府是聰明政府？

還記得我在公共工程委員會任職時，注意到國家工程最常出現的通病之一，就是工程一做再做，似乎永遠做不好。例如桃園機場跑道，一修再修。

二〇一一年，在我手上，工程會建立了全球標案管理系統，所有單位凡是百萬以上的工程全都須上工程會網站登錄，那一年就有二十六萬筆資料。

有關桃園機場跑道招標案，當時我還特別詢問公共工程委員會工程處處長，得到的答案是在蘇貞昌首次擔任行政院長任內規定，除非特別需要，工程招標須採取最低標，也就是標價最低的業者得標，此次機場跑道工程得標的廠商過去多做港灣工程，從沒做過機場跑道，當然不會做。

我思考再三，機場跑道既是國家門面，更攸關國人性命安全，於是決定先把法律擺一邊，由工程會介入協助。同時請工程處根據登錄資料，就全國公共工程進行樣態分析。

工程樣態分析的結果，不出意料之外。部分縣市工程為特定幾家工程顧問公司和廠商所把持，有的鄉鎮出現的狀況更令人瞠目結舌。

中南部某山區偏鄉，一年的工程標案多達一百二十八件，但以鄉公所的人力和能量，根本無法做出這麼多標案規範，為了達到執行率，只得交給廠商包攬，寫完之後再上網招標，結果自然是掉入廠商事先設定好的陷阱。這是政府陷害公務員犯罪，把不可能的任務交給基層公務員，他們只好假借他人之手來達成。

關鍵在於當時已經行之多年的最低標文化。公共工程只要低價，不求品質的結果，就是讓台灣的工程界走向滅亡之路。

優良廠商得以存活的多重篩選異質採購標案

為打破最低標文化，工程會提出異質採購最低標，第一關先對所有承攬公共工程的廠商進行篩選，淘汰記錄不良的顧問公司和廠商，再來比工程品質和價格，自然營造有利優良廠商可以存活的環境。

這樣的改變，不是為了要抓官員的小辮子，而是協助官員不要掉入法律的「陷阱」，協助官員找到正確的廠商。做完這套標案管理系統，我到標案規模最大的部會交通部和各個工程採購單位去宣導，還到審計部、調查局和廉政委員會，告知他們歡迎採用這套系統，但目的不是防弊抓貪官，而是協助好的公務員能積極勇敢任事。

在我看來，這才叫做「積極的政風」，只要看到招標模式，就能確知有無弊病。

可惜的是，我在公共工程委員會僅短短十個月，心中仍有些許的遺憾。現在全國標案管理系統建置健全，儲存的工程資料可能有百萬筆，若能跟學術單位合作，可發展成為工程智庫，不僅可據以分析工程樣態，還可能影響到未來的國家公共工程招標制度，學術單位更可從中進行研究，寫出的論文既能符合實際工程需求，又能切中國家需要。

但我當初的想法畢竟來不及實現，工程會所蒐集到的完整資料，也沒有發揮最大效果。

研考功能是聰明政府的首要條件

當我們談聰明政府，我認為首要的條件是研考功能要發揮。政府有一定的規模，研考單位才有研考的能力，也才提得出創新政策。以現今的縣市政府樣態，研考單位多只能做做數據報表，也就是傳統的功能，卻無法規劃城市新願景。

這也正是我不斷呼籲行政區域重新劃分的原因，以北部而言，應該是北北基、桃竹苗的大生活圈概念，中南部則是中彰投、雲嘉南、高高屏，再加上東部及離島。大眾覺得這個建議新鮮嗎？拿出日治時代老地圖，當初就是這樣規劃的。

區域重劃牽涉的是戰略問題，唯有成為超級城市，規模完備之後，政府才可能有一顆腦袋，提出具體可行的政策，否則各局處光一般業務就忙不完。

政務官個人的態度，更是影響到政策的成敗。我還在內政部服務時，發生「葉少爺事件」，一名富家子弟酒駕開車撞死人，一次車禍喪失三條人命引發輿論撻伐，我下令警方嚴格執行抓酒駕，還親自半夜帶隊陪警察到台中、高雄一起執法。

我跟在第一線執法的警察說，抓到酒駕者，馬上扣起來帶回警局，若接到任何關說電話，請把部長的電話號碼給他，有事由我來扛。

當時有一堆法律人質疑內政部違反人權，在立法院還有立委質詢，認為警方大舉出動抓酒駕造成干擾，我強力回應：遭撞者的人權又在哪裡？直到馬英九總統注意到酒駕議題，支持內政部主張，風向才開始改變，法務部也出面主導。

回想我所做的每個決定，都是我自己觀察、自己研究、自己找方法，因為我是從基層一路上來，在處理上自然更為細膩並切合民意反應。

我一直在觀察並運用想像力，想辦法讓每件事情都成為轉機，成為翻轉大局的槓桿。還記得當時台灣港務公司要針對基隆港、台中港、高雄港等五個港，投資五、六百億元進行重建變身。在行政院院會時，我就提出一個疑問，基隆港變漂亮了，但郵輪停泊基隆港，旅客下了船到基隆市，除了到廟口吃小吃之外，什麼都沒有，於是建議由內政部營建署針對北北基進行規劃，以一百億元為槓桿，賦予基隆港、台北港新景觀、新生命。

營建署在一個月後如期提出規劃案，也到行政院報告，最後卻不了了之，因為計畫跨了好幾個部會，沒人敢做這麼大一個夢。事實上，因為基隆港的貨運量已經大幅萎縮，許多貨櫃場閒置，若能將沿基隆港的空貨櫃場全清查出來，沿著基隆河串成一串珍珠，勢必帶來更好的發展，後來的結果卻是基隆港搞基隆港、高雄港搞高雄港，各行其是而沒有整合的概念。

一再舉例並非展現我個人才能，而是說明這些都不應該由我來發想，而是部會內部應有一群專業的人做研究後，提出政策和策略，再由行政院整合部會專業和預算，確認有哪些重疊、哪些衝突、哪些法令需要討論，交給政務委員負起全責去解套，這才是「聰明政府」。

能串聯未來又接地氣的政府智庫

今天的台灣政府就是少了這個機制，少了一群腦袋。行政院需要自己的智庫，例如台經院、中經院，應該是行政院的智庫，卻因政府的補助聊備一格，以至於各院研究員都需搶計畫案來養活自己，沒有充分的時間去為國家做更長遠的研究和規劃。但你若問政府有沒有智庫？政府一定說有，卻根本無法望國外智庫的項背，真正發揮它應有的功能及角色。

不論是部會或是地方政府都應該要找到「顧問」，或是委託學術機構，找來各行各業最頂尖並有實務經驗的學者專家。回想在內政部時期，每件事情都是由我個人思考、研究，並想辦法解決，但每個人都有自己的盲點，那時若能有一群顧問，每週跟我開會討論，我想我們應當可以完成更多福國利民的事。

或許有人會問，政府有顧問、智庫作為「腦袋」，如此一來，政務官做什麼？政務官所需要的是敏銳的觀察力，對業務有相當熟悉度，更重要的是，不止要能找到昨天的問題，還要能看到明天的問題、後天的問題，甚且是十年後的問題，要有國際視野，更要能落實在腳下並和在地接軌（Think globally and act locally）。

簡言之，要看得遠，但不能好高騖遠。我曾在荷蘭參與過氣候變遷計畫，由瓦格寧根大學（Wageningen University）我的好友Von Vierson教授統籌，總經費約二億歐元，這位教授組成平台邀請相關大學機構和荷蘭各級政府合作，共擴及十五個國家、三十所大學，促成大學機構和政府對話並找出方向。

他共花兩年時間去做計畫，透過不同領域間的對話再對話，找出正確的大方向，其他交由各大學及相關單位執行，最後計畫經理人要有能力統合在一起，成為政府決策的依據。

回到台灣，衡量教授價值是用八股制度，也就是寫論文，寫得多，身上掛的勳章也多，但學校做的研究，政府用不上；政府需要的，學校也給不起。台灣每年編列的科研經費比荷蘭還高，結果大學教授卻都被訓練成論文機器，出產一堆政府在實務上用不到的論文。

另一方面，台灣的研究計畫採齊頭式平等，一塊大餅分成數十塊，到每個教授手上頂多百萬台幣的規模，換言之，每個教授的眼光、格局和訓練就是百萬台幣的規模，無怪乎借調到政府服務，需要一大段跌跌撞撞的時間，等訓練完也消磨殆盡，正事也耽擱了。

建構智庫的理想方式

從地方政府到中央政府，都應該要有自己的智庫。我曾提出應該在北中南以各主要大學為基礎來設立智庫，讓各城市的技術、資源都在上面交流，以提高地方政府職能，如此一來，不但各城市的問題找到解決方案，教授也訓練好了，而且商人有機會賺錢，若模式成功還可以複製到開發中國家。

要做到這樣並不難，只要科技部將所有的科研經費中，提撥百分之六十支持具問題解決傾向的研究，另外的百分之四十留給基礎研究，大學所定位的角色自此勢必再也不同，不但大學活化了，政府也可從中找到智庫。

其次是在分配資源到大學時必須進行總體管理，也就是說在分配資源時，要有知識拼圖的概念，在制定每一項大型計畫（政策）之前，先確認有多少專業和機構，計畫統籌者須定位每一所大學、機構所扮演的角色，以及需要的資源，確保他們所產出零件，最後能拼成所要的成品。

關鍵在計畫統籌者不但個人專業度要夠，協調能力也要非常強，在領導上更要強勢，就像同時掌控十匹馬的韁繩，拉到讓十匹馬都能往同一個目標奔跑衝刺。

這樣的做法，不但累積政府的研究能量，在施政上符合政策方向，也培養未來的政務官人才，智庫同時也是人才庫，藉以活化政府官僚體系。

雖然距離我離開政府已經五年，但凡事只要現在開始，一切都不遲。台灣有許多具國際水準的大學，中央政府有滿手的政策工具以及可以運用的資金，只要找到需要的人、用在對的地方，同時給充足的資源。

政府要聰明，需要的是找到對的方向、開對藥方，而不是開出草率的八千億前瞻基礎建設計畫，只有戰術、沒有戰略，而且和台灣社會的需求對不上來，更別談錢花完後，什麼也沒留下來，只留下一堆子孫永遠還不完的債務。

第十二章

國家的啟示：荷蘭

時序進入二十一世紀後不久，在卸下省府職務後，我受邀到荷蘭的國際水利環境工程學院（IHE）擔任客座教授。

國際水利環境工程學院為座落在荷蘭台夫特的國際院校，從一九五七年成立的水利工程國際課程發展而來，一九七六年更名為國際水利環境工程學院。這些年來，中國大陸派出二千位高階文官到這裡受訓，學習國家水利政策和水利工程技術。不僅是中國大陸，很多開發中國家都是如此，台灣亦是其中之一。

因為這樣的淵源，當中國要進行太湖治理時，荷蘭政府旋即投資二億美金，做出太湖治理可行性評估計畫，荷蘭出資百分之六十、中國投入百分之四十資金，如此一來，荷蘭順勢將產業進入中國，同時也培養荷蘭工程師治理大型湖泊水污染的技術。

這就是聰明政府，在解決荷蘭本身問題的同時，也讓產業界有機會「練武功」，再透過教育訓練、透過校友將荷蘭的技術和產業引進他們的國家，把危機變轉機、轉機變商機，直至今日，荷蘭工程師可說是遍布全世界。

與水共生的策略定位

但隨著氣候變遷現象愈來愈趨明顯，極端氣候愈來愈常見，工程手段再也無法因應多變的世界。荷蘭人也絕不再全部仰賴工程手段，而是由國土規劃著手，重新檢討土地利用，不再與大自然爭地，讓河水和海水有更大的空間。

二〇〇三年，荷蘭開始進行因應氣候變遷的相關政策的論證，從科學研究、產業轉型、組織改造、法令制定到國土規劃等各個不同面相切入，於是啟動第二次的「三角洲工程」。

首先要先定義問題，包括何謂氣候變遷？為什麼引發氣候變遷？氣候變遷會對社會帶來多少衝擊？現有科技是否可消弭這些衝擊？要花多少錢來辦這些事？最後誰來執行此一艱鉅的工作？

因為這政策的制定會影響到大部分人的生活以及土地的使用標的，涉及各級政府的運作及法令的修訂。為了讓民眾能充分了解及意見表達，荷蘭總共用了兩年時間，進行長達近四千小時的對話，取得大方向的共識後，再進行細部規劃。

但政策的擬定，仍需要專業的支撐。荷蘭在過程中投入大量經費，從二〇〇四年到二〇一二年間共投資三．五億歐元，折合新台幣約一百四十億元，整合全國各主要大學及科研單位，從事全面性研究及分析。再將研究成果與對話預案相互印證，直到分歧逐漸消弭，並達成多贏的共同目標，再交由相關部會逐步落實。

經過如此巨大的規劃工程，最終所提出的調適策略定位為與水共生（room for water），利用土地使用標的改變及都市設計的手段，增加行水及貯水空間，這其中包括三十五個子計畫，總預算約需二十三億歐元，約新台幣一千億，同時訂出期程在二〇一五年完成。

除了將空間還給自然，增加河川的滯洪空間，降低鄰近城市的淹水風險外，同時涉及遷村、安置及地方政府財務等，更結合沿岸城市的都市計畫，打造水岸空間。

他們之所以能及早警覺，就是因為眼見氣候變遷造成的結果，是荷蘭必需承擔所有萊茵河集水區增加的水量，而河川的通洪能力已不是傳統的工程手段能解決。

從上到下，帶動國家整體的垂直轉變

在積極面對氣候變遷挑戰的同時，荷蘭同步成立一個跨國的三角洲聯盟，希望透過聯盟的運作，將荷蘭經驗輸出到世界各國，共同面對人類有史以來最大的敵人。除了爭取他們在這一項目的發言權及主導權，當然背後有無其他商業考量，自然不在話下。

台灣和荷蘭一樣都是地狹人稠、資源缺乏的國家，也差不多在同時開始規劃因應氣候變遷的政策，在三角洲聯盟草創之初，因為我的強力爭取，荷蘭對台灣表達濃厚的興趣，因為台灣在水利相關科技的能力，是亞洲國家中的佼佼者，而且台灣面對許多荷蘭所沒有的挑戰。

他們希望台灣能當三角洲聯盟發起國，一方面是將台灣當作進入中國和東南亞國家的踏板，協助其他亞洲國家建立政府相關職能，一方面是台灣有能力也有足夠經費解決自己的問題。在這兩個大前提下，台灣是三角洲聯盟最適合的合作夥伴。

可惜十多年來研討會辦了不少，知名專家絡繹於途，但主要關鍵工作一直沒有落實，錯失一個可以積極參與的國際平台，也失去一個新觀念引進的暢通管道。

直至現在，台灣只能看著荷蘭有計畫、有節奏，全方位地在面對他們的問題，而且逐步落實。十多年下來，荷蘭的政府改組了，相關法令修訂了，國土計畫的觀念改變了，甚至連學校的學程都不一樣。

我們卻還在原地踏步，還在用最傳統的思維方式在面對一個未知的巨大變局。更諷刺的是，我們花的治水經費遠超過荷蘭的規模，我的心情豈是徒呼負負四個字可形容。

但站在典範轉移時代的台灣，也並非毫無機會。近年來，我多次受邀到泰國、印尼、越南等發展中國家協助防洪治水，發現雖然歐洲人積極談非工程手段、談海綿城市等先進觀念，然而印尼、泰國、越南卻都還停留在工程手段的階段，因為這些開發中國家的基礎建設還沒有到位。

還記得有一次到越南胡志明市討論防洪，他們拿出荷蘭人為胡志明市規劃的巨型防潮壩計畫，幾乎是三角洲工程的翻版。但我直言這是「天邊的彩虹」，可望不可即，因為越南連最基本的抽水站都沒有，即使建了防潮壩還是無法解決淹水問題。

東南亞國家現在走的路，是和台灣三十年前一模一樣的路。在越南，我經常碰到日本來的水利工程師，也見到許多日本大商社。兩年前我應亞東經濟交流協會邀約，到日本演講談防災時，我不諱言地說，日本在工程技術和觀念上，許多方面比台灣進步十幾年，而台灣又比越南進步二、三十年，實話是日本已經離開開發中國家太遙遠，現在說的語言、提供的策略，越南不一定聽得懂，而且也不完全適用。

今日的台灣發展，正好介於日本和開發中國家之間，台灣是日本要和東南亞國家連結的最好介面，包括荷蘭、美國亦復如此；同樣地，台灣也是開發國家要進入中國大陸最好的廊道，先從台灣再到中國大陸，因為依照進步的程度搭配剛剛好。

找回農耕隊精神，輸出台灣經驗

上了年紀的人，應該都還記得在五〇、六〇年代，台灣最成功的輸出是農耕隊，農會及農田水利會的工程師運用一身武藝，成為台灣對外援助最重要的人力，到東南亞乃至於非洲，協助他們建置灌溉系統並傳授育種、農耕技術，將農業水利工程、育種、農會產銷和精緻農業等帶到開發中國家。

台灣現在要做的是把農耕隊的精神找回來，這才是務實的南向政策。現在的我們，早已練就一身功夫，不論是農會或是農田水利會組織的經驗，在中國大陸、在中南半島等開發中國家，都有相當的市場，台灣的經驗太寶貴，但連我們自己都不甚了解，甚至沒有重視這樣的強項，許多一身本領的工程師早早就退休了，在台灣社會也沒有得到實質的尊重。

二〇一四年，我應泰國政府之邀赴曼谷聯合國總部演講，談氣候變遷因應和調適的台灣經驗分享。當天演講結束之後，泰國官員問我能不能撥出兩天時間到北部一個省協助解決水庫問題，因為當時留在泰國的時間不多，我請他們直接到曼谷見面。

經過安排後，當天來了多達二十多位官員。談了將近半小時後，覺得他們似乎沒有太大反應，於是我問說：你們這個省有多少水利官員？得到的答案是只有七人。在這樣人力拮据的情況下，即使我給再多的專業建議，他們也無法落實。我承諾回台灣代覓水利人才到當地駐點，協助建置水利系統。

回台灣後，我找了兩位退休的水利署副署長，都有幾十年的實務經驗，到泰國擔任顧問，將台灣的經驗輸出。對這些同事而言，是一筆不算少的收入，更重要的是我們技術服務的延伸。

我已經不再是政府官員，只能零星地轉介專業人才到外國服務，政府若是有計畫地透過駐外使館尋找市場，打通路徑，帶領台灣的顧問公司、專業人力等進入該國，即可為國內帶動新產業、營造新商機。

同樣地，我在越南也遇到類似狀況。最近我受邀協助越南官方規劃防災體系，並需提出綱要計畫，而緊接在綱要計畫之後，是產值高達上百億美金的採購計畫，從工程顧問到工業製造等等，以我一己之力，無法組織規模如此龐大的系統，需要的是台灣政府出面，組織國內產官學業界一起去尋找市場、建立據點，協助產業界在國外生根茁壯。

沒有西進，如何南進？

但這裡面最微妙的關鍵點是中國大陸的態度，於是在一次和蔡英文總統的APEC團員接見會上，蔡總統一再強調南進政策，我很務實向總統報告：「沒有西進，要如何南進？」沒有友善的兩岸關係，我們在國際上是寸步難行。

政府要成為聰明政府，必須先找到自己的定位。我在全世界到處跑，時常遇到各地大使館、代表處的外館同仁，發現他們的工作並不輕鬆，但浪費太多力氣去接待國內去的官員和民意代表。既然身在全球各地，他們不應該只是做接待工作，而是要去分析所駐在國家的問題，從中為台灣搜集商機，做知識媒合之外，更要做機構媒合。

當外館人員找到駐在國家所需解決的問題，帶回台灣後，政府要有能力分析其中所涉及的產業、可能有關的機構單位，提出具體可行的解決方案，有計畫地推銷到需要協助的國家，也就是幫全世界解決問題。

這也就是當時荷蘭為何願意協助中國大陸治理太湖，投資兩億美金做太湖治理綱要計畫，就是藉著提供種子資金，切入中國的水利治理產業，而種子投資就是打開門的那把鑰匙。同時幾十年來，透過教育及培訓，他們在中國已經有龐大且有影響力的校友，在政府部門擔任要職，這就是他們國力的延伸。

既然荷蘭人可以，當亞洲正在崛起之際，台灣人實在沒有理由說「不可以」，而關鍵就在政府是不是夠聰明。

第十三章

地方的啟示：中港大排

二〇〇五年底，我進入台北縣政府（現稱新北市）服務。

那時候的中港大排，被新莊人視為「毒瘤」。半個新莊的生活污水都排入總長二．三公里的中港大排，猶如一條堆滿垃圾的大排水溝，發出令人退避三舍的惡臭，而且每逢大雨就淹水，附近住家苦不堪言。

回顧新莊中港區的歷史，早期原本就是地勢低平的泥濘窪地，隨著工商業發展，愈來愈多人遷入新莊，中港區也蓋起高樓大廈和透天厝，但因為排水不易，雨後經常是水淹漫漫，於是政府在一九八九年進行修建中港大排工程，並增設抽水系統，以提升防洪排水功能。

只是隨著年歲日久，中港大排愈來愈無法發揮作用，不僅水患頻仍，還成為又髒又臭的「黑龍江」。

貍貓換太子

到台北縣服務後，我決定將中港大排當作推動城市發展的「槓桿」。進入縣府的第一個星期，我找來了五個局處長來開會，包括水利局、環保局、城鄉局、建設局、工務局，並告訴他們：四年後，我要將中港大排變成乾淨的運河。

同時運用我的水利專業，進行設計規劃。我先是注意到鄰近中港大排的五股工業區內，有座污水處理廠，只要將進入中港大排的生活污水，截流後送到污水處理廠，處理後再送回中港大排做景觀用水，即可大幅降低污染，同時營造出一片漂亮的水域。

但要如何截流？只要在中港大排兩側建箱涵，生活污水可以沿著箱涵，引流到污水處理廠，處理過的水則回流到中港大排，以貍貓換太子的方式用回收水替換掉污水，而且洪水來時，還可增加百分之五十的排洪面積，除中港大排本身可以排水外，路底下的箱涵也成為看不見的河道，可以更快洩洪，將多餘的水排出，大幅降低淹水的可能性。

秉持著這樣的設計理念，我告訴景觀設計師，河面和河道兩邊只要簡單設計，因為中港大排本身就是排水溝，每年總會淹個二至三次，我的要求是淹完水後，最多在一週之內要恢復舊觀，而且不可花太多復原經費。於是整個設計非常簡單，河面是處理後再利用的回收水，水中種植水生植物以維持一定生態體系，以現在的名詞來說，就是「綠色基礎建設（Green Infrastructure）」，也是建構海綿城市的基礎。

「你要去找當地的人談。」

目標設定後，再來是改變公務體系的運作方式、建立新文化。我親自擔任中港大排改造計畫召集人，和相關局處首長十餘人每兩個星期召開檢討會議，帶領他們討論問題並找出解決的辦法，一次又一次的會議，用意在於讓他們習慣碰到困難時，會坐下來互相談，不僅和局處長談，也和民眾談。

還記得當時在進行河廊環境營造時，設計公共藝術的建築師交上來的第一個版本，竟是跟新莊風馬牛不相及的荷蘭風車，我隨即退回，建築師不解地問到底要什麼？我說：「我也沒有答案，你要去問新莊人。」他不死心又問，新莊人要什麼？「我怎麼會知道，你要去找當地的人談。」我回。

不僅是公共藝術，要符合新莊人的需要，在改造過程中，我更強調公民參與。

所謂的「公民參與」，不是形式，而是邀請當地人一起參與決策。事實上，這和當時台北縣最棘手的問題——樂生療養院抗爭有關，那年因為捷運新莊線的規劃路線經過樂生療養院所在地，部分以台大城鄉所為主體的老師和年輕學子認為過去收容痲瘋病患的樂生療養院，是台灣公共衛生史的重要遺跡，拒絕拆除並堅持反抗到底。

同樣關注樂生療養院議題的台大城鄉研究所教授夏鑄九，是我在台大共事的同事。但我當時堅持，若是在捷運路線尚未定案前抗爭，或許尚有修改的彈性和空間，如今路線已經確認，而且已經施工快完成，於法、於情、於理都沒有改變的空間，況且捷運工程一天不完工，周邊圍籬不拆，影響交通的結果是每年有上萬人因為車禍造成傷亡，「難道新莊市民的生命安全，不需要受到尊重嗎？」我說。

這就像為病患開刀，手術快結束時，突然有人說診斷錯誤，我們只能快點做完手術再來進行損害控管，也就是先讓捷運完工再處理樂生療養院問題，不能開刀開到一半卻把病人晾在那裡。這也就是說，我們既然接到最後一棒，完工絕對是第一優先，以照顧台北縣三分之一縣民的用路安全。

找對溝通橋梁，改變大半個新莊

在進行中港大排改造工程時，我起意要把可能的「敵人」變成「同志」。既然當時的抗爭者不斷強調公民參與、參與式決策，於是我找來夏鑄九教授的學生、台大城鄉研究所畢業的梁世興，去找這群人並跟他們說：我們決定採用公民參與模式來推動中港大排工程，請大家挽起袖子，跟老師一起幹。

事實也證明，這群曾參與保留樂生療養院運動的抗爭者，尤其是OURs（都市改革組織）的介入和參與，讓可能的危機成為最大的轉機。OURs是台灣第一個NGO/NPO（非政府組織／非營利組織）主張都市空間改造、強調以集體力量推動台灣都市實質環境改善。

他們不但具有熱誠，也抱持崇高的理想，進入社區去工作，扮演社區規劃師的角色，也擔任居民和政府之間的橋梁，我們在當地辦了上百場的社區說明會，第一場即吸引上千位居民參與，雖然人多、意見也多，卻能慢慢導入我所要的方向，可以說「沒有他們，這計畫根本不會成功」。

但民眾參與決策並非盲目舉手及無窮盡的單向政令宣導，而是經過漫長的教育過程。還記得我第一天去新莊區公所即告訴當地人，你們住在這裡，我不住這裡，你們最好比我多關心一點。

緊接著，我繼續說，我要打掉社區周邊馬路旁的加蓋水溝，估計會少四百個停車位。因為那是社區居民在平常下班後集中停車的區域，現場群情譁然、抗議聲四起，誓死反對的聲音延續長達兩個月。

我交代交通局，在附近另外找可以容納四百輛車的停車位，請當地人去停車時，多走五到十分鐘，讓他體會政府的誠意，才慢慢平息眾怒。

但中間的溝通並非全然都是火爆，期間一百場的社區說明會，我幾乎場場都到，親自和居民對話、釋疑，親自教他們什麼是溼地、什麼是埤塘、什麼是氣候變遷，還帶他們坐遊覽車到宜蘭三星的天送埤勘查，以了解埤塘和溼地景觀。

引發社區改變的觸媒，是新莊地區中小學的積極參與。中小學往往是社區的「活動」中心，校長和老師都是知識分子，最容易聽懂我所要傳遞的訊息，而且若能從學校著手，透過老師去影響家長、學生，自然而然可以輕易進入社區。

這也是我所相信，每件事情要造成改變，一定要找到其中改變的媒介（agent of change），而新莊的中小學就是我找到的「觸媒」，這也是我在台北縣時所建立的最重要的網絡，將縣境內三百零三所中小學校長當做大學研究生，親自帶領他們一起學習，希望透過校長影響老師，透過老師影響家長，而中港大排就是在這樣的脈絡架構及思考邏輯下，讓改變自然的發生。

利用觸媒改變半個新莊，種下中港大排成功的種子。

另外，需要改變中港大排社區周遭的商圈，這又是另一番對話。由經發局主導，原來在臭水溝邊只能賣一般夜市常見的商品，待中港大排改造完成，展現出新的面貌，臭水溝也不見了，自然可以賣高檔咖啡、販售文創商品，我們也跟宮廟談，透過宮廟祭典可以和當地人的生活結合，喚起新莊的傳統文化，而小西園的布袋戲、响仁和鼓都是其中不可或缺的重要元素。

經過一連串的努力，當地開始發行中港大排社區報，新莊社區大學成立「新莊社大溼地服務隊」，導覽解說塭仔圳生態滯洪公園生態，二〇〇九年更成立了「中港河廊商圈發展協會」。當中港大排改造工程完工，中港大排成為台北縣最閃耀的珍珠，新莊再也不可同日而語。

這就是我一再強調，要找到槓桿，才能將最小的力量發揮到最大。

離開台北縣後，我在內政部服務時，有一天腦中閃過中港大排，突然很好奇當年一起攜手打拼的人和團體，現在在關注什麼事情？於是請辦公室的同事去問新莊社區大學，得到的消息是，他們在討論有沒有可能禁止外面的車子進入社區，以讓小朋友有安心騎腳踏車的空間。

不止改造空間，也喚醒人心

了解狀況後，我的心裡不自覺升起一絲絲的喜悅，想起在工程尚未開始，當地人斤斤計較停車位，堅持要停在社區附近，如今透過對話和討論，他們願意犧牲自己生活的某些不便，去成就更大的目標，給孩子更安全的活動空間。這才是公民參與的最終目的，民眾的環境意識被喚醒了。

中港大排新面貌的完成，不僅周邊社區地價、房價翻漲，背後的意義更有價值。我認為透過改造工程，我們也改變了人心，首先是台北縣政府的公務員運作文化產生改變，願意坐下來和不同局處的人溝通，願意坐下來和民眾對話，其次是半個新莊的環境獲得改造，從此再也不是過去破舊的老社區，而是展現全新的風貌。

但最有價值的是半個新莊的市民環境意識被喚醒，用全新的眼光看待周遭的環境，他們知道可以有良好的生活環境，更知道要獲得良好的生活環境，必須要靠人人自律，去成就眾人所要達成的目標，而不是只在意個人。

這就是透過環境教育，植入新思維的過程。當眼光打開，心態調整了，所有的事情自然沒有抗爭，水到渠成。未來政府在新莊要推動綠能，或是任何新的創意、新的政策，我相信新莊市民都會敞開心胸去傾聽，並同時展開對話。

這才是我們想要完成的工程——一項嶄新的政治工程，就在新莊發生，當然沒有理由不能通用在其他縣市。由此可知，聰明政府，並非遙不可及，就看有沒有用對方法，政府部門有沒有敞開心胸互相對話，同時和民眾對話。

第十四章

政務人才哪裡找？

在舊國民黨時代，有一套完整的政務官培養機制。要栽培一個部會首長，會挑選表現好的政府次長或縣市長，先送去台灣省政府擔任廳處長，熟悉地方事務，再視適當時機調回中央部會擔任首長，經過在中央、省府歷練一圈，對全國性和地方性的政策都很熟悉，當他再度回到中央成為部長時，不但對政務熟稔，也接地氣，可以很明確地訂出正確的政策。

什麼是政務官？事實上，政務官有不同於事務官的任務和角色。公務體系中的事務官為「常任文官」，是經過文官考試，通過層層升遷和考核，具有專業的官員。他們的職責是按照現行行政法規和標準作業程序處理事情，簡單說，就是柴米油鹽醬醋茶的行政庶務，約占一般公務百分之八十。

另外百分之二十不是標準作業程序能解決的，也就是所謂的「政治問題」，是政務官的職掌。政務官是政治任命，不需任用資格，只負責處理政策問題，因此一般對專業和日常行政沒有事務官熟悉。

政務官和事務官必須有截然不同的思考邏輯，政務官是給方向、給政策，而事務官是從方向和政策去定出行動方案並設法完成。

新手邊學邊開聯結車

在民主國家的運作中，政務官和事務官的界線非常清楚，絕對不會混在一起。

在一九九八年「精省」（另稱凍省），也就是將台灣省政府虛級化後，政務官培養機制也跟著消失。雖然在精省前，中央政府和省政府所處理的事務有相當程度的重疊，但在精省之後，人才培養的平台不見了，以致出現一些嚴重問題。

二十年後的今天，政務官員多是從直轄市拔擢，容我做個簡單比喻，直轄市首長的訓練猶如開一部小汽車，但到行政院的任何一個部會，不論大、小都是一部聯結車，當小汽車駕駛還沒有上過駕訓班就直接開聯結車，後果可想而知，輕者跌跌撞撞，重者勢必出車禍。

這些新任首長開著部會這部聯結車，只能邊學邊開，政府在跌跌撞撞的過程中卻耗掉資源、損失多少效能，待他逐漸熟悉並能上手時，兩年左右的時間已經匆匆走過，同時自己也遍體鱗傷。

以台灣現階段一個部長在位的壽命平均約兩年，行政院長更短到僅一年半，也就是從部長到院長，都是從新手開始磨練，好不容易要發揮所長時，就面臨下台的窘境。

個人犧牲是小事，但國家不斷培養人，卻仍持續陷入空轉的處境，這才是最大的危機。

政治判斷凌駕專業判斷的悲劇

若是事務官成為政務官不能說不好，但也可能是「悲劇」。如果大家有印象，政壇常常傳出「佳話」，因為有人苦熬多年，一路從基層慢慢爬，從科長、專委升到次長等等，又被拔擢為部長，聽來是很好的勵志榜樣，但是卻完全錯了，為何我說「錯」？因為事務官和政務官有不同的任務，一般事務官出身的首長因為對業務太過熟悉，反而很容易被自身的專業綁架。

根據過去長期在公部門的觀察，事務官出身的人因為對行政庶務相當熟悉，遇事永遠聚焦在行政範疇的框架和細節，但政務官就是要擺脫行政限制，要有大的格局和寬的視野去擬定政策方向，角色錯亂的結果就是政府的災難。

在政府任職期間，我們就常常眼見許多部會首長，談技術可以說得頭頭是道，但談到政策卻常常語塞，因為他的訓練就是如此。

但反過來，也有許多政務官介入行政庶務，自以為是的下指導棋，或是介入太多基層幹部的人事升遷等等，以至於在下面的常任文官出現寒蟬效應，愈來愈不敢講話，或是看清「鐵打的衙門流水的官」的常態，選擇主官愛聽的話講、甚至乾脆不講不理。

不論是哪一種，都會造成國家的傷害。我可以舉一個典型的例子來說明。

二〇〇四年的中度颱風艾莉侵襲中部和北部，帶來豪大雨造成二十四人死亡、九人失蹤，由於雨量太大，洪水挾帶將近三千萬立方公尺的泥沙進入石門水庫，且都是非常細的粉土，若要沉澱需要耗費將近一個月的時間。

因為濁度實在太高，以致桃園的淨水廠超負荷，根本無法處理，桃園地區被迫停水，一停就是大半個月，引發民怨四起，也造成很大的政治壓力，當時的經濟部長一個決定，卻讓石門水庫在日後的操作後患無窮。

因為石門大圳的進水口在後池，滾滾泥沙順著水流進入，而台電發電廠又不斷在發電，當時的經濟部長下令停止發電，他以為只要發電廠停止運作不發電，濁水不會進入後池，泥沙可能隨著時間過去而沉澱，讓濁度有機會降低，桃園缺水的問題可以獲得緩解。

但他卻沒有意識到，石門水庫的操作準則載明發電廠絕對不能停止操作，只要一不發電，閥門關起來，水流所帶的泥沙塞住壓力鋼管，將導致整個電廠受損，而且原水濁度還是降不下來。結果，果然因為部長的一聲令下，原水所挾帶泥沙量並未稍減，發電廠還就此報銷，之後的修理費用和停止發電造成的損失高達近二十億元。

站在水利專業來看，絕對是個錯誤的判斷。這不是政務官可以做的決定，當時的北區水資源局長和經濟部常務次長都斬釘截鐵跟部長說「不行」，水庫操作有一定規範，這是經過非常專業的分析才制定，任何人都不可以更改，因為只要操作失當即可能造成人命傷亡，這是事務官必須堅守的原則。部長的「政治判斷」，是不可以凌駕專業判斷的，最後的後果是造成莫大的損失，而且桃園缺水仍無法獲得解決。

事後的總檢討，北水局長和常務次長都下台，但說句公道話，政務官不應該干預行政庶務，而是要尊重事務官的專業判斷，這就是活生的案例。

部長可能沒搞清楚，石門水庫當初在規劃時即設計為灌溉型水庫，所以取水口的位置較低，取水的含沙量自然偏高。對農田而言，灌溉水源中所含的沙，反而是最好的肥料。若是要將石門水庫重新設定為供應民生和工業用水的供水用水庫，取水口就要重新設計，從低層取水改為多層取水，在渡過艾莉颱風的危機之後，也確實朝此方向更改。

老實說，這就是專業。

尊重常任文官的政治智慧

我之所以舉這個案例，是在說明政務官在政務以外，應該聽取事務官的意見。在部會中，事務官是由常務次長領軍，技術面就應該以常務次長為準，政務次長和部長盡量不要置喙，這是尊重常任文官的表現，而常任文官也會就專業做精細分析，再給政務官、也就是部長作政治判斷。

政務官要做的是政治判斷，因為背後牽涉的是政治責任。一九九七年，我從台大到台灣省政府擔任水利處處長，我是水利單位出現的第一個政務官，在我之前為省水利局，是建設廳轄下的一級單位，都是由事務官在掌舵，因此在到任的第一天，我就跟同仁宣布，我是政務官、你們是事務官，政務官只管大事，細節都不用問我，我也不會亂出意見。

那一年八月，強颱溫妮來襲，挾帶強風豪雨過境台灣北部及東北部地區，我在水利處坐鎮。在颱風警報發布後，淡水河的水門已經全部關閉，當時板橋的水位不斷漲起來，雖然四汴頭抽水站有八部抽水機奮力抽水，卻抽到壞掉三部，只剩下五部在運作，仍無法遏阻暴漲的水位，眼看水已經快要淹進四汴頭，時間一分一秒在倒數，派駐在四汴頭的指揮官不知所措，竟緊張到暈過去。

四汴頭抽水站的人趕緊打電話到台中（水利處所在）請示該怎麼辦，我請他們報大漢溪水位以及板橋水位，發現板橋水位遠高於大漢溪水位，應該有用重力排水的空間。我隨即命令他們將水門打開，讓水排出去後再把門關上，以爭取更多時間去修理壞掉的抽水機。

但水利處的總工程師立即制止我，因為根據防洪操作手冊，海上颱風警報發布之後，水門就要關上，須等到颱風警報解除之後，水門才能再打開。當年我才四十一歲，盱衡當時情勢，若依照標準作業程序施行，勢必讓板橋市全都浸在水中，造成鉅額損失和傷害。

我只能堅持我是政務官，由我扛起政治責任。我認為只要將水門打開，將板橋的積水排出部分，再將水門關上，至少爭取三小時以方便修復抽水機救板橋。總工程師也拒不退讓，他說下水道內有沙發、床墊、摩托車等各式各樣廢棄物，水門打開後即使水排出去，若沙發或任何東西將閘門卡住以致水門關不起來，可能導致大漢溪水倒灌進入板橋。

「如此一來，板橋大淹水，你勢必會成為頭號戰犯，因為沒有照防洪手冊操作。」總工程師警告我，我告訴他，我的水利專業告訴我，現在該做的是爭取時間修復三部抽水機組救板橋，萬一不幸水門卡住，我會負起全部的政治責任，責任由我一人扛。

他們最後照我的建議做，打開水門讓水排出去，爭取時間修復機組，板橋也躲過一劫，否則後果不堪設想。但我當時卻是冒了極大的風險，賭上自己的政治生命，若是照標準作業程序，即使淹掉整個板橋，都與我無關，因為是遵照標準作業流程，但我決定打破程序，萬一沒有成功，毫無疑問就要負起全部的責任。

政務官與事務官互信互重

政務官在做政治判斷前，需要事務官將情境分析清楚後再作出決策。如果我沒有水利專業，一定會先問過河川局長，了解板橋水位以及大漢溪水位的落差，確認還有多少時間可以做準備，而事務官也會分析決策風險，也就是一旦水門關不起來，不但要負政治責任，還有刑事責任，接下來就是政務官的決定。

在宋楚瑜擔任省長的年代，曾經創造「省府奇蹟」，但奇蹟的背後其實是一批能力很強、有擔當的政務官，另外還有充分發揮專業、勇於任事的事務官，更重要的是政務官和事務官彼此互相尊重、互相信任。

還記得我擔任水利處長時，曾經直白地跟省長宋楚瑜報告，水利是我的專業，出去請不要亂開支票，我不會完全買單。但是只要宋先生到各地去，我們都會為他準備所有資訊和情境分析，讓他做出最佳的決策。

有一次宋先生到南投貓羅溪（烏溪支流）勘查高灘地治理，看到沙洲中有一堆草，疑惑地問為何不除草？我只說：「這是小鳥用的（以保全當地生態）。」他馬上說：「我懂了。」隨即不再多言。

對我而言，這是非常寶貴的一課，也就是「尊重專業」。一九九八年十二月二十日，宋省長要離開省政府，省政府因為精省也要熄燈了，但水利處同仁仍奮戰到最後一刻，當時負責水利行政的水利組組長王瑞德，為省府同仁下了一個經典註腳，他說我們就像電影「鐵達尼號」中的提琴手，拉到最後一秒鐘，直到船沉沒和船一起沉下去。之所以如此，就是因為政務官和事務官彼此之間相互尊重，省府團隊也因此非常有向心力。

然而，從近二十年的政治發展看來，政務官和事務官的分際似乎愈趨模糊。以前瞻計畫總經費八千多億元來看，單是一年預算一千七百億元的內政部，年度預算書疊起來可以從地板到天花板，而且需要大半年時間來編撰。前瞻計畫這八千億元的預算要花費多少時間做研究、寫計畫書？民進黨政府卻在短短時間就提出並強行通過，明顯是有太多的政治干預。當決策者用這麼強的政治力去推動前瞻計畫，事務官只有配合將箭靶移到箭射出去的地方，用荒謬的理由做文章，無視財務平衡以符合目的。

當政務官說要做輕軌，具有技術專業的事務官會提醒，軌道建設離開大台北都會賠錢，若是要做輕軌就要和都市計畫結合，和現有的鐵路、公路系統結合，而不是為蓋輕軌而蓋輕軌，要達到系統性的全面評估，一年的時間都還不夠，怎可能在短短幾個月的時間提出全國性的前瞻計畫？我認為是事務官已經不敢講話、不願意表達意見，以免自己的官位不保，政治的鑿痕太多，更可怕的是文官體系已經被破壞殆盡。

這只是冰山的一角。這幾年來從年金改革、能源政策，到一例一休及許多爭議法案，無不是同樣思維下的產物。

北中南各自建立政務官培養平台

因為危機迫在眉睫，培養政務官在此時此刻愈形重要。二〇一四年，高雄發生大氣爆，前市長陳菊曾經請我現場進行了解，我當時提出的建議是，既然一場氣爆造成房子龜裂、馬路炸開以及多人傷亡，不如將這個在台灣史無前例的公安意外，化為高雄的新生機。

我認為需引進化工專業、都市計畫專業、水利專業、交通專業等不同領域的人，共同合作進行都市更新，要同時匯聚這些人才，放眼南部唯有成功大學有這樣的能量，可以由成功大學搭建平台尋找南部專家，成為高雄市的智庫，由專家學者協助地方政府解決問題，也藉以培養有實務經驗的教授，未來若有機會進入政府單位，就不會是從零開始，即使無法立即開「聯結車」，至少也是開過「大卡車」。

因為台灣是小國，無法負擔所有經費都投入在純研究，但現在只用寫論文這把尺來評量教授，結果是所有教授都去做可以寫論文的研究，卻沒有能力解決實際的問題。我在政府服務時，最大的困擾是，政府要的東西，學界無法給，學界做的東西，政府又用不上，所培訓出來的人對實務沒有概念。

在省府虛級化後，政務官培養機制失靈，各政黨都習慣從大學借調教授任部長，但他們即使進入政府，一時也無法上手，因為政務官不但要懂政策、知道如何解決問題，還要有國際觀、知道如何和人談判，而且一定要接地氣，會使用百姓所用的語言。

一個官員應該經過全方位的培養歷程，但現在部長換將頻仍猶如「走馬燈」，碰到問題不但沒有論述能力，甚至連論述都說不清楚，何況要跟民間團隊或是鄉下的阿公阿嬤說明。再加上事務官士氣低落，不願也不敢講長官不喜歡聽的話，才會造成蔡英文總統搭乘雲豹戰車去視察淹水災區的窘境。

我認為如果在北中南各設立平台，科技部將每年的研發經費保留百分之四十做純學術研究，其他的經費用做解決問題導向的科學研究，並和中央各部會和縣市政府的經費結合，挹注在北中南三個平台，不但讓學術研究成為實務研究，錢用在刀口上，人才也因而培養起來，成為具可操作性的智庫。

當這些具有國際經驗，又有學術經驗和實務經驗的人，進入政府體系，相信他們絕對足以支撐半壁江山。這樣的平台更可以和縣市合作，由縣市首長邀請他們一起論述城市的規劃，若有一天進入地方政府任職，也不會陷入既有的城市規模，而是有更長遠的眼光和更寬廣的視野。

平台肩負的另一項重要角色，是讓所有人習慣溝通、充分對話，以培養團隊合作。政務官不論是在中央或地方政府，更重要是領導統御，而這也是學者最缺乏的特質。

但透過平台的參與，可能需要和工程師、反對者或是鄉親們，不厭其煩地溝通，慢慢達到共識，開放讓公民參與決策過程，也是建立參與者的環境意識、民主意識，台灣的民主也會逐漸地成熟。

我從頭到尾都在談一個概念，把危機變成轉機，把一個計畫當作槓桿，找到改變的媒介，翻轉整座城市、整個產業甚至是整個國家，不但不會多花一毛錢，而是改變操作模式，以現有的資源、現有的人力重新配置，將問題解決，人才也培養出來。

這才是二十一世紀，聰明政府的新思維。

第十五章

台灣是小國或大國？

二〇一六年開始連續兩年的時間，我都陪老長官、親民黨主席宋楚瑜先生代表國家參加APEC（亞太經濟合作會議）。

兩次都是由台灣經濟研究院，為總統蔡英文所委任的台灣領袖代表宋楚瑜準備講稿。第一次要出發前，我們赴總統府確認講稿內容。

看完台經院完成的初稿，我的心裡感慨良多。「這份說帖基本上是給美國總統川普和中國國家主席習近平用的，完全不符合台灣這種小國的立場，講這些冠冕堂皇的大國論述，不會有人理的。」會中我對內容直接提出質疑。

彌足珍貴的台灣經驗

台灣，是大國？或小國？我們對自我定位常常搞不清楚，我認為台灣的強項，也是可以強化世界各國對台灣印象的，是「台灣經驗」的分享。

台灣最可貴的經驗是從四、五十年前，全國人口中有百分之九十都從事農業，到今天只剩下百分之五，國家居然沒有因此而發生動亂，這過程中更已練就一身「武藝」，從農會系統、農田水利會組織到作物育種，甚至是防災、醫療等等。

同樣從農業社會走向工業社會，台灣的轉型經驗才是亞洲眾多開發中國家最渴望了解並學習的，因為他們也正在進入這個轉型的過程中。

還有什麼可以跟全世界分享的台灣經驗？那自然是全民健保。記得當年，還是我這位水利工程師，代表台灣代表團去分享台灣的健保政策，面對一屋子的專業醫生，我坦承我可能是在場唯一的工程師，但因為我曾主掌台灣社會福利政策（內政部），對健保還是有一定了解的，才有這份榮幸能跟所有專業人員分享。

台灣健保的成就舉世皆知，在我演講結束後，現場反應相當熱烈，各國與會人員都非常仰慕，甚至有中南美洲國家的衛生部長表達，希望能派人到台灣學習，我自然告知「非常歡迎」。

台灣確實是小國，但我們卻有許多值得開發中國家仿效學習之處。近幾年，我常應邀到東南亞國家，協助當地政府進行防洪治水工作，有次越南的組織部長跟我從防災、治水談到政務的推動，兩人相談甚歡，臨結束前，他突然要求我能否再給他兩個小時。

這位部長接下來所提出的要求非常特別，他先問：「能不能教我們如何反貪腐？」我據實以告說明這不是我的專業，但我可以回台灣幫忙找專家協助，他接著說，「能不能在當地設立文官學院，協助他們訓練文官？」緊接著是，「能不能幫我們訓練三千位醫護人員？」

面對這一連串的需求，對台灣來說並非難事，相信自是樂意伸出援手，這不僅是國家與國家之間的交往，其中更蘊含龐大的商機。問題是，我們的外交體系夠強嗎？能強到伸出觸角、足以聞嗅到這些商機所在嗎？或是即使察覺商機，但有能力引回國內，為產業搭起向外拓展的橋梁進行媒合嗎？更現實的是，我們的駐外代表要碰到駐在國的部會首長，都有相當大的難度，更遑論可以深入地坐下來交流。

系統性輸出

政府若能結合台灣的產官學界，將台灣經驗做系統性輸出，對鄰近國家將有莫大助益，更可以為國內的產業創出一條新的道路。

不僅對各國來說，台灣都是一個規模適中的「實驗室」，台灣經驗對企業更是彌足珍貴。幾年前，台塑的越南河靜鋼鐵公司因當地居民以台塑排放污水、污染海洋生態為由進行抗爭，請教我該怎麼辦？

我開宗明義就說，要談越南河靜鋼鐵廠，不如先來談麥寮。我認為可以先拿麥寮作為範例，如果能確實地解決當地空氣污染，和因為空污所引發的公共衛生問題，並結合城鄉規劃專家，將麥寮重建成符合全世界最新環保法規的示範城鎮，再讓專家學者針對六輕進行全面性檢視，確認符合清潔生產原則。

如此一來將會是三贏的局面，台塑贏、麥寮贏、雲林也贏，同時再將這經驗推往越南，越鋼的問題自然迎刃而解。

台塑對此未予置評，而是不斷喊冤並辯駁，「六輕附近的許厝國小，狀況好得不得了，並非如某學者所說。」我也直言，「這是你們說的，在過程中似乎也沒有任何其他學者願意出面，站在你們這一邊。」

「很簡單，」我繼續解釋，因為學者和台塑沒有權利義務關係，對台塑也沒有足夠的理解，為何要幫台塑說話？

我給台塑的建議是和成功大學合作，以成功大學為主體，納入中南部各大學院校的專家，籌組一個跨專業的智庫並建立平台，由化工系、機械系進入六輕協助做清潔生產輔導和盤查，若是已經進行中或是已完成的方案，他們也可以檢視是否還有改善空間；醫學院的公衛專家則可以進入雲林，就當地人的健康檢查資料進行分析，從中釐清真相和某些團體抗爭的緣由。

在此同時，成大的建築、都市計畫及水利專業專家進入雲林，協助麥寮的重建。

這是三贏、甚至多贏的策略。擔任智庫角色的成大和南部的各校專家，將在過程中蓄積能量，參與的教授和研究生從中培養實務經驗，也是實戰經驗，六輕自認為的冤屈可能因此獲得伸張，雲林的問題解決、衍生的社會衝擊也有機會得到彌平。

這些教授本身原本即有國際經驗，也有學術經驗，再加上實務經驗，未來若有機會進入政府服務，從技術平台銜接政治平台，勢將撐起半壁江山。

充滿彈性的政府與法令

我不斷強調的聰明政府，有它的理念和架構。從來都是將危機化為轉機，轉機更化為商機，以一個計畫作為槓桿找到切入點，翻轉整個城市、翻轉整個產業，從頭到尾不需要多花一毛錢，而是就現有的資源和人力重新配置，不僅解決問題，人才也得以培養出來。

以台灣這樣的小國，需要的就是彈性，不僅是政府組織的彈性、政府運作的彈性，還有法令法規的彈性，而不是所有的設計都只是在防弊，防止圖利他人，防到最後是連國家本身都奄奄一息。

今天的台灣領導人永遠要問自己三句話，台灣的強項是什麼？台灣的能耐在哪裡？台灣的限制又是什麼？強項、能耐、限制（strength, capacity, limitation），而且這三件事情是動態而不是靜態，一直會隨時空環境和情境在轉變，如果未能掌握先機，很快在國際上就會喪失競爭力。

更關鍵的是國家的定位，我們是小國或是大國？我們和中國大陸到底是什麼關係？絕對不是統一或獨立的是非題，而是一個競爭和合作的選擇題，而台灣領導人又要帶領我們走向何方？這是值得全民共同來思考的問題。

人與土地15

台灣必須面對的真相

作　者—李鴻源
主　編—李筱婷
企　畫—藍秋惠
封面攝影—郭英聲
美術設計—江儀玲

董事長—趙政岷
出版者—時報文化出版企業股份有限公司
108019台北市和平西路三段二四〇號七樓
發行專線—（〇二）二三〇六六八四二
讀者服務專線—〇八〇〇二三一七〇五
（〇二）二三〇四七一〇三
讀者服務傳真—（〇二）二三〇四六八五八
郵撥—一九三四四七二四時報文化出版公司
信箱—10899臺北華江橋郵局第99信箱
時報悅讀網—http://www.readingtimes.com.tw
時報出版愛讀者—http://www.facebook.com/readingtimes.fans
法律顧問—理律法律事務所　陳長文律師、李念祖律師
印　刷—家佑印刷有限公司
初版一刷—二〇一九年九月六日
初版六刷—二〇二三年十月三日
定價—新台幣三二〇元

時報文化出版公司成立於一九七五年，
並於一九九九年股票上櫃公開發行，於二〇〇八年脫離中時集團非屬旺中，
以「尊重智慧與創意的文化事業」為信念。

台灣必須面對的真相 / 李鴻源著. -- 初版. -- 臺北市：
時報文化, 2019.09
面；14.8×21公分. -- (人與土地；15)
ISBN 978-957-13-7938-8(平裝)

1. 臺灣政治　2. 臺灣社會　3. 文集

573.07　　108014049

ISBN 978-957-13-7938-8
Printed in Taiwan